Idea man

Ideaman

Idea man

Idea
man

誰でもできるのに9割の人が気づいていない、お金の生み出し方

90%的人都沒發現，但你一定要知道的金錢觀

打破迷思，從固定薪水走向財富自由，用金錢吸引富足的祕密關鍵

幫助超過3萬人獲得成功
CarriageWay顧問公司代表董事
今井 孝——著

林慧雯——譯

目錄

【序 言】讓自己能靠喜歡的事維生 009

第1章 創造財富的人有特別之處嗎？

一無是處的人也可以創造財富 020
成功人士與普通人的能力並沒有太大差異 026
無法創造財富的人的七個思考盲點 029
無法賺錢的根本原因 039
一旦努力的方向錯誤，永遠也不會有收穫 041
我們真正需要的觀念是什麼？ 042
利用正確的金錢觀，獲得全新人生！ 044
真正該學習的正確金錢觀 050

CONTENTS

第2章 只要掌握他人的需求，就能創造無限財富

創造財富的人，都具備的思考方式　058
「昂貴」、「便宜」取決於「需求的強度」　061
人們為什麼會想去旅行？　064
無法創造財富的根本原因　067
語言能力普通的英語家教，為什麼能賺進一千萬日圓？　070
一定有人願意出錢　073
配合對方的需求改變策略　077
需求與金錢的原則❶　為了獲得期待的「成果」而付錢　080
需求與金錢的原則❷　為了三大需求而花大錢　083
需求與金錢的原則❸　換算成價格，就能感受到價值　089

目錄

需求轉變為金錢的感受法❶ 將情感帶入故事情節，就會熱賣 093
需求轉變為金錢的感受法❷ 讓人感受到價值的服務，就能熱賣 097
需求轉變為金錢的感受法❸ 省下對方的勞力＝金錢 101

第3章 正確的財富目標是——？

七個財富的思考盲點 106
創造財富的正確觀念❶ 不需要有很多人願意買單 108
創造財富的正確觀念❷ 不需要獲得所有人的認同 112
創造財富的正確觀念❸ 不需要保證帶來100％完美的成果 117
創造財富的正確觀念❹ 不需要做出差異化 121
創造財富的正確觀念❺ 不需要成為第一名 124

CONTENTS

創造財富的正確觀念❻ 不需要成為很厲害的人 128
創造財富的正確觀念❼ 就算不成功，你還是很有價值 131

第4章 從零開始創造龐大財富的最短路徑

愈深入瞭解對方的需求，愈能增加財富 138
初學者創造財富的鐵則❶ 在確保放心的前提下前進 140
初學者創造財富的鐵則❷ 專注於瞭解對方的需求 142
初學者創造財富的鐵則❸ 專注於眼前的這個人，就能開拓前行 147
從零開始創造財富的最初步驟❶ 確保自己的「安身之處」 150
從零開始創造財富的最初步驟❷ 短時間內反覆練習 155
從零開始創造財富的最初步驟❸ 協助他人提供服務 157

目錄

從零開始創造財富的最初步驟❹ 試著提供新手價 159
從零開始創造財富的最初步驟❺ 分析獲得青睞的原因 163
最後，要肯定自己的價值 167

第5章 財富與滿足感之間的關聯

讓對方感到滿意，就能放心賺錢 170
明明就有做出成果，卻被解約的原因是——？ 172
再次思考別人想要獲得的是什麼？ 174
財富與滿足感的原理❶ 挑戰會產生至高無上的喜悅 177
財富與滿足感的原理❷ 拚盡全力的模樣能打動人心 183
財富與滿足感的原理❸ 具有樂趣才能持續下去 187

CONTENTS

財富與滿足感的原理❹ 當對方信任自己時，才能付出努力 191
財富與滿足感的原理❺ 擁有夥伴，人生才會加倍有趣 195
財富與滿足感的原理❻ 努力挑戰的模樣，能給人帶來勇氣 198
財富與滿足感的原理❼ 肯定自我，就是人生的目標 202
【結語】 207

〈序言〉

讓自己能靠喜歡的事維生

感謝各位閱讀本書。

如果你有下列這些煩惱：

「想要靠自己的力量賺錢。」

「不知道怎麼把自己喜歡的事物轉變為財富。」

「雖然有想做的事，但卻害怕開始……」

「儘管考到了證照，卻覺得沒辦法靠它謀生。」

「可以免費提供他人服務，但只要開始收費自己就會感到排斥。」

這本書就是專為你量身打造的指南。我相信絕對會對你有所幫助，請務必繼續閱讀下去。

因為「不管在公司多拚命工作，薪資也不會有所提升」，所以想要靠自己的能力賺錢的人並不在少數。

不過大多數人卻沒辦法順利創業，即便投入了大量的時間，也只能賺取微薄的收入。

反之有些人卻只靠副業就月入百萬圓，可以輕輕鬆鬆地增加收入。

這兩種人究竟有什麼差異呢？

相信各位可能會認為是知識、技術與經驗的差異，不過實際上並非如此。就算是靠自己力量賺取豐富收入的人，擁有的知識、技術與經驗也和一般人沒有太大差異。

●90%的人都未曾察覺！靠自己創造財富的關鍵是——？

我長年都在幫助想靠自己喜愛的事物維生、希望活得自由自在的人實現夢想。每年都有超過百位想創業的人來找我，他們每個人想要做的事都各有不同。芳療、瑜伽、鋼琴老師、補習班老師、烹飪教室、兒童學習教練、顧問、治療師、收納顧問、占卜師、投資教室、經營網路商店、英文老師、畫家、設計師、攝影師、個人教練、整骨師、作家、技術支援工程師、影片編輯、經營顧問、製造業顧問、餐飲業、麵包店……有來自各行各業的人找我諮詢。

二十年來，在協助許多人的過程中，我逐漸觀察出從零開始創造財富的關鍵。反過來說，如果沒有察覺到這一點，創業的夢想就會遲遲無法萌芽。

所謂創造財富的關鍵，究竟是什麼呢？

簡而言之，無法心安理得賺錢的人就無法收穫金錢，就是這麼簡單。

舉例來說，如果有人願意付一百萬日圓，獲得你打算提供的服務，你會有什麼感覺呢？相信大部分人應該都會覺得很開心，不過是否也會有人對於收到一百萬日圓感到不安呢？

反之，那些成功的人不管是十萬也好、百萬也罷，都會充滿自信地收下酬勞，並提供客戶物有所值的商品或服務。

●隨心所欲創造財富的人，究竟學了些什麼？

每當我這麼提問，總會有人告訴我：「應該是因為累積了許多經驗，磨練出豐富的技術，所以對自己很有自信，才能從容收下金錢吧？」事實卻恰好相反。

有些人努力不懈地考取證照、持續學習，卻還是完全賺不到錢；也有很多人一點一滴努力工作，但不管過了多久，還是賺不到能讓自己獨立生活的收入。光是勤勉磨練技術，是沒辦法換成等值收入的。因為重點並不在於經驗或技術。

不過請大家放心！

世界上的確有不需要付出無謂努力，就能增加收入的方法。不僅和與生俱來的能力或特質無關，而且還是每個人都能付諸實行的方法。

這個方法就是——學習金錢的正確觀念。

我所謂「金錢的正確觀念」，既非一般消費者的金錢知識，也非「投資」的相關知識，更與「會計」和「財務」毫不相關。

而是人人都做得到，卻有90%的人未曾察覺的「**從零開始創造財富所需的金錢觀念**」。

無論再怎麼努力磨練自己的技術，若少了上述的金錢知識，就只能永遠埋頭過著賺不到錢的人生。無論金額再怎麼微薄，想要開始創造財富，一定要先學習正確的金錢觀才行。

反之，只要學習了上述的金錢觀，就能隨心所欲將自己擁有的知識與能力變換成金錢，過著自由自在的人生。

● 讓每個人都能抵達理想未來的正確路徑

本書將以淺顯易懂的方式，循序講解從零開始創造財富所需「金錢的正確觀念」。只要按照書中的步驟執行，自然就能順利獲取金錢，增加收入。

在第一章中，我將具體詳細解說「能做到從零開始創造財富、白手起家的人，與做不到的人之間的差異」，是由於金錢觀念落差造成的結果，與技術及經驗無關。

第二章，將進一步講解「讓人寧願付錢也『想要！』的心理」。只要掌握人們的心理，就再也不會對賺錢感到不安，還能進一步對自己的知識與技術賦予正當的價值。

在第三章中，我會針對「如何設定正確的財富目標」做解釋。可以靠自己的力量獲得收入的人，與做不到的人所設定的目標截然不同。若掌握這一點，便不必勉強自己付出無謂的努力，只要做自己喜歡的事就能創造財富。

第四章將說明「從零開始創造龐大財富的最短路徑」。大多數人因為沒有照正確的路徑前進，所以才會挫折累累。只要依照我所說的最短路徑，就能順利增加收入，而且不會感受到多餘的壓力。

第五章中，將揭開「財富與滿足感的關聯」。只要瞭解財富與滿足感的關聯，就可以獲取龐大的財富，也能真正為別人帶來幫助，受到周遭人的感謝與愛戴，隨之而來的財富會變得愈來愈龐大。

藉由學習上述的金錢觀念，一定可以實現你心目中的理想人生。

● 擁有創造財富的力量，就能對別人釋出善意

我現在正把自己喜歡的事當成工作，過著自由自在的生活。跟在公司上班時相比，目前的收入更多了。

但是現在的我和二十幾歲還在當上班族的我，並沒有不同，作為一個人的本質沒有改變，不擅長的事物依舊還是不擅長。

不只是我而已，許多客戶也跟我一樣，在學習了金錢的觀念後，收入便自然而然增加了。

舉例來說，有從事收納顧問的主婦，一年創造了三千萬日圓收入；有人本是

派遣員工（現為外商企業員工），副業從事營業額數十萬日圓的英語家教；有人原來是系統工程師，現在兼職技術支援，月入超過百萬日圓的營業額；有人是上班族身兼作家，創造一千萬日圓的年收入；有人原為教師，但在不同地方傳授腦科學知識，一年就多了兩千萬日圓的收入；有人原是女職員，開始教授關於神社及禮儀方面的知識後，一年賺了兩千萬日圓……每個人都獲得了豐饒的成果。

我跟他們往來了好幾年的時間，本質上他們並沒有任何改變，依然是原本的自己。不過，獲得了金錢的觀念、瞭解自己的價值後，他們的表情洋溢出無比的自信，時間上也多出了從容的餘裕。

因為是做自己想做的工作，不但不會覺得有壓力，更因此在待人接物上變得更加親切、友善，覺得靠自己的能力對社會有所貢獻，能帶來真正的幸福。

總而言之，只要實踐本書的內容，你也能幫助許多人，並獲得眾人的感謝。這才是人生真正的目標，金錢並非最終目標。不過要達成這一點，就必須先學習金錢的觀念才行。

想要開啟理想的人生，任何時候都不嫌遲。
因為，現在就是人生中最年輕的時刻。
趕快翻開下一頁，展開探索自我潛力的冒險之旅吧！

第1章

創造財富的人有特別之處嗎？

一無是處的人也可以創造財富

如果可以靠自己的能力創造財富，應該是很值得開心的事吧！
而人生又會因此產生什麼樣的轉變呢？

以後再也不用待在公司苦苦掙扎了……
也不需要小心翼翼配合職場同事；
更不必做自己討厭的工作。

只要做自己喜歡的事、與喜歡的人來往就好，還能受到許多人的喜愛，財富也會自然滾滾來。

如此夢幻的人生，其實近在咫尺。

不過每當我這麼說，都會有人告訴我：

「才沒有呢！我根本沒有什麼可以賺大錢的專長。」

請大家放心！

創造財富並不需要什麼特殊的才能或技術。

就算沒有專長也不要緊。

舉例來說，U先生以前也總是把「自己沒有專長」掛在嘴邊。

而現在他靠副業月入百萬日圓，已經獨立創業了。

目前他從事自由接案的技術支援事業，年收入約一千萬日圓，而且幾乎都是淨利。

不過，U先生並非從一開始就有創業的信心。在剛遇到我時，他只是一位三十多歲的普通的上班族。他告訴我：「我只不過是個系統工程師罷了。」而且當時他還經歷了憂鬱症，剛擺脫繭居在家的狀態。

而後，他才慢慢開始經營副業，從最初的一千日圓、五千日圓、最後終於達成月入一百萬日圓的成就。

像U先生這樣的例子實在是多不勝數。

●從派遣員工到營業額數十萬日圓的英語家教

N先生的副業是英語家教，而且不斷與客戶簽下價值數十萬日圓的英語課程合約。

四十多歲的他，原本一直以派遣員工的身分在公司上班。

一開始他也認為自己沒有教英語的資格，所以選擇先從三千日圓的講座做起。

等到英語家教的副業愈來愈順利後，他才漸漸擁有自信。現在他同時也在外商企業擔任正式員工，擁有自己的一片天。

● 從事收納顧問，創造營業額三千萬日圓的主婦

從事收納顧問的I女士，年收入已經超過三千萬日圓。

第一次見到她時，她說自己只是「極其平凡的家庭主婦」。

事實上，當時她已經考取了收納師證照，並且經營了一個自己的部落格。

如今她每年都指導近百名學生，傳授收納的技巧。

● 以寫作為副業，年收入一千萬日圓

還有一位K先生，他上班的薪水與副業收入相加後，年收入超過了一千萬日圓。

他也是一名受薪階級的上班族，四十幾歲的他，在一家很普通的製造商工作。他並不是那種強勢的人，個性相當溫和、穩重。

還記得當初見到他時，他還向我感嘆：「參加公司聚餐喝酒花了五千日圓，太浪費了！」不過現在他卻會說：「財富要靠自己創造！」連談論的內容都已經改變了。

此外，還有芳療師、瑜伽老師、鋼琴老師、補習班老師、烹飪教室老師、兒童學習教練、顧問、治療師、占卜師、投資教室老師、網路商店經營者、畫家、設計師、攝影師、個人教練、整骨師、影片編輯、經營顧問、製造業顧問、餐飲業、麵包店等，大家都希望可以在自己喜歡的領域創造財富。

在我看來，當中的每一位都只是普通人而已。

每個人剛見到我時都異口同聲地表示：「我什麼事都做不了！」、「感覺應該不會順利……」帶著惴惴不安的神情。

然而，就算是這樣的人，一樣可以藉由自己喜歡的事物創造財富。

我要表達的是，即使現在你覺得「自己什麼長處都沒有」、「自己好像做不到」，也完全不需要擔心。

目前為止我已經協助過非常多想自食其力的人，**但並沒有一位是真的「一無是處」**。

大家都只是普通人，在一般的公司上班、忙於家事及育兒，過著普通的日常生活。

這些人偶然成了自由工作者，開始創業，靠自己的能力創造財富。

其中有人大獲成功，賺到超乎想像的收入。

成功人士與普通人的能力並沒有太大差異

「我才不相信他們都是普通人呢！」

「他們真的沒有特殊才能嗎？」

讀到這裡，應該很多人心裡都出現了這些念頭吧！

然而實際上，那些靠自己創造財富的人，真的擁有特殊的才能、卓越的技術嗎？為了成為創業家、經營者，他們難道去學了什麼不同凡響的技能嗎？

事實並非如此。

現在從事技術支援的U先生，原本只是一位普通的系統工程師。在公司裡，他與其他系統工程師並沒有特別的差異，擁有的技術也與別人相仿。

U先生自己也承認：「比我優秀的人多的是！」

也就是說，他只是靈活運用了一般的資訊技術，就創造了龐大的財富。

身為英語家教的N先生，英語也沒有說得特別流利。

而且他的多益成績並沒有大家想像得那麼高。

以英語從事商務活動的人，多益成績通常在九百分以上，滿分的人也不在少數，但N先生的多益分數卻只有八百多分！

儘管如此，他還是可以順利地跟客戶簽下英語家教合約，更驚人的是，**就算是多益成績比他高分的人，也會來參加他的講座，熱切聆聽他的分享**。

從事收納顧問的I女士，沒有指導學員什麼特殊的技巧。

只要去學，每個人都可以考取收納師的證照；要說I女士是不是比別人更會收納，其實也不是如此。

身為作家的K先生，文筆也沒有優美到超凡入聖的程度。

還有許多作家都能寫出等級相當的文章。

靠自己能力創造財富的人，並沒有比別人更優秀的長處。

在媒體上引爆話題、在社群網路上爆紅的人，或許真的擁有非常了不起的才能。無論是天生的能力也好，或是長期付出相當的努力後，才贏得這樣的地位。

不過，這樣的人只是少數而已。

如果只想依靠自己喜歡的事物，一帆風順地開展事業，其實並不需要什麼特殊的才能。

即便是極其普通的人，都可以獲得比上班族的薪水還多的收入。此外也有很多人沒有一心追求財富，卻獲得比上班族更多的自由。

才能和技術都很普通，卻能靠自己的力量創造財富的人，究竟是怎麼辦到的呢？為什麼這與能力無關呢？

無法創造財富的人的七個思考盲點

就算擁有同樣的才能與技術，有些人就是可以創造財富，但有些人就會認為自己一無是處。這究竟是為什麼呢？

原因非常簡單。

真正的原因並非無法創造財富，而是他們**無法心安理得、坦然地賺錢**。

舉例來說，**如果有人願意為你所提供的服務，大方付出一百萬日圓**。你擁有的知識、技術與經驗都不曾改變，只是獲得的報酬變得更多而已。

這當然是一件非常值得開心的事，只要高高興興收下這一百萬日圓就好。

不過，在開心的同時，內心是否也會湧上一股害怕的感覺呢？

「只不過是這種事情，可以收下一百萬日圓嗎？」

「不知道對方有沒有滿意，真擔心……」

「萬一他不滿意，我該怎麼辦？」

是否會湧上這些不安，對收下一百萬日圓感到畏懼？

換句話說，你的心裡其實一直有一個念頭：「現在的自己不值得賺這麼多的錢。」

創造財富時，每個人都會經歷這樣的過程。

具體來說，會表現出下列的各種想法與行為模式。

請確認看看自己是否符合吧！

無法坦然賺錢的思考盲點❶

沒有任何可以創造財富的點子或商品

是不是有很多人都認為，沒辦法靠自己創造財富，是因為沒有好點子，或是沒有好商品呢？

可是反過來看，這也代表你認為「自己並沒有可以提供給別人的價值」，把自己看得太輕了。**正因為誤以為「自己沒有價值」，不少人都習慣向外界尋找點子，也就是商品**。

我有很多客戶一開始也陷入了這樣的思考盲點，但我都建議他們不要把眼光放在外界，而是要重新確認自己已經擁有的事物。

這麼做之後，大家紛紛驚訝地表示：「沒想到資訊技術竟然會賺這麼多錢！」、「沒想到這樣的英語程度竟然也可以當成一份工作！」

無法坦然賺錢的思考盲點❷

真的可以藉由這種事情獲取財富嗎？

假設一位上班族把工作辭了，轉為自由接案者繼續做以往的工作，他可以向客戶要求一百萬日圓的報酬嗎？

大多數人應該會覺得：「光是這種事情就拿這麼多錢，應該不太好吧？」別說是收下這筆錢了，打從一開始就根本無法向客戶開口索取這麼多的費用。

從事技術支援的U先生，在幾年前也是這麼認為，似乎壓根沒想過自己的資訊技術可以換成金錢報酬。

因為公司的同事、周遭的人，幾乎都擁有和自己一樣的能力與經驗，很容易誤以為自己的技術「人人都會」。所以他根本沒想過，原來可以向別人收費。

不過現在的他，為客戶服務的價值約為三十萬日圓，每個月甚至會賺進一百萬日圓。

無法坦然賺錢的思考盲點❸

沒有東西能提供給比自己厲害的人

大多數人都會認為，自己沒有東西能提供給比自己厲害的人。光憑這種程度就要開始創業，**會不會被別人看輕、嘲笑呢？很多人心裡都會產生恐懼而踩煞車**。

從事英語家教的N先生一開始也是一樣，他對自己的英語沒有自信，光是為了準備提供給初學者的三千日圓課程就搞得精疲力竭。

他原本認為，用英語來創業會需要花很多時間。因為他覺得自己必須先提升英語能力才行。

不過現在的他能抬頭挺胸地將自己的英語教材，提供給那些比自己厲害、多益成績比自己高的人，而且還能讓大家都滿意。

無法坦然賺錢的思考盲點④

世上還有很多人都能做到一樣的事

從事收納顧問的I女士，最初提供的是一次數千日圓的服務。

當時她根本沒想過自己可以像現在這樣，提供大眾價值數十萬日圓的服務。

為什麼呢？因為還有很多人擁有和自己相同的證照，也在同樣的領域中大放異彩。

她認為要是自己設定的價格比別人貴，一定會賣不出去，這是很正常的想法。同時她也擔心，明明是一樣的服務，卻要收取較高的報酬，這麼做會受到他人的批評。

可是，現在I女士提供的是市面上最高單價的收納服務，而且大受歡迎。

無法坦然賺錢的思考盲點5

一定要提供最新穎的劃時代服務

有些人會認為：

「不可以跟別人一樣。」

「我要提供最新、最劃時代的商品才行。」

他們認為，如果是已經行之有年的生意，再怎麼模仿都毫無價值。

不過要想出絕無僅有的全新創意構想，並不是一件容易的事。要是一直思考下去，很可能經過好幾年都還在原地踏步。

大多數靠自己力量創造財富的人，做的都不是如此具有時代意義的事。

像是K先生的寫作工作，更是從古至今一直存在的行業。

當然，每個人都有專屬自己的創意想法，但這並不代表就能提供前所未有的服務。

就算不是那麼新穎、具有時代意義的事物，依然可以創造出商機。

無法坦然賺錢的思考盲點❻
還有很多不理解的事物，必須再學習更多

大多數人都會對未知的事物感到恐懼，很容易誤以為自己必須做到完美、分毫不差才行。

「我還有很多不知道的地方，真的可以提供這種服務嗎？」

「要是回答不出顧客的問題，對方一定會很失望吧！」

很多人因為擔心這些問題，慌慌張張地學東學西，讓自己忙得團團轉。

這世上總會不停有新的書籍出版、會有人不斷發明出各式各樣的方法。就算拚了命想學習所有新事物，依舊不可能追上新事物誕生的速度。

那些能創造出財富的人，難道都對自己的領域無所不知嗎？

實際上並非如此。

其實就算不知道資訊業界的最新動態，或是還有些不知道的英語單字，也不會妨礙他們創造財富。

無法坦然賺錢的思考盲點⑦

缺乏經驗，也沒有成果

沒有經驗也沒有成果，會有人願意接受像我這樣的人提供的服務嗎？要是在提供服務時得罪了客戶該怎麼辦？

很多人都會因為擔心這些問題而躊躇不前。

不過無論做任何事，剛開始一定都是沒有經驗，也拿不出成果的。大家都是從零做起。

所有人都是從零開始慢慢踏上正軌。

我已經強調過很多次了，上述這些都是導致「無法坦然賺錢」的思考及行為盲點。

只要能坦然地賺錢，就算自己的才能、技術、經驗、成果都跟其他人差不多，在開始創業或嘗試副業後，自然而然能獲得成果。

無法賺錢的根本原因

究竟為什麼無法心安理得地賺錢呢？

這麼說有些人可能會覺得意外，不過我認為，這是因為大多數人都**「只有從月薪賺錢的經驗」**而已。

換句話說，大多數人並沒有依靠自己提供的商品及服務，直接獲得等值報酬、賺錢的經驗。

若能靠自己的能力賺取收入，便能從自己的商品及服務獲得等值報酬，而非時薪。

也就是說，這種人是用自己的「價值」來換取金錢，而不是「時間」。

不需要出賣自己的時間就能獲得收入，聽起來也許非常吸引人。

雖然「用價值換取金錢」看似很容易，不過對於長年持續打工或上班，早已習慣按月收薪水的人，就需要費一番工夫才能改變自己的認知。

「只要長時間工作就能賺錢」，這種認知並不是那麼簡單可以改變的。

一旦要靠自己的力量創造財富，就會像前面提到的，懷疑自己「光憑這種事情真的可以賺這麼多錢嗎？」而猛踩煞車。

如此根深柢固的心理，導致大多數人都沒辦法坦然地賺錢。

一旦努力的方向錯誤，永遠也不會有收穫

要是沒有察覺到這件事，會發生什麼呢？

大多數人都誤以為自己無法創造財富的原因是「技術不夠」、「知識不足」，卻沒有正視到真正的原因是「無法坦然地賺錢」。

於是，大家只埋頭學習關於商品與服務的技術及知識。

有些人甚至一個接一個考取各式各樣的證照。

還有些人則一直提供免費的服務，或是以極便宜的價格賤賣自己的服務。

也有些人只是一味地學習。

最後只在原地踏步，收入完全沒有增加，就算增加了也只是蠅頭小利罷了。

這種人無論過了多久都還在學習中，結果終至筋疲力竭宣告放棄。

我們眞正需要的觀念是什麼？

那麼究竟該怎麼做，才能心安理得地賺錢呢？

答案非常簡單。

就是學習金錢的正確觀念。

一聽到「金錢的正確觀念」，各位或許會以為是要學習「會計」或「財務」等知識，但其實並非如此。

會計或財務是要等到已經坐擁龐大業績時，才需要理解的知識。如果在創造財富前就先學習了那些知識，不管過了多久都派不上用場。

因此現階段需要的正確觀念，並非會計或財務。

我們真正需要的是：

從零開始創造財富的正確觀念。

能夠靠自己能力創造財富的人，只是掌握了上述「金錢的正確觀念」而已。

即便是事業一帆風順的人，做的事也與他人沒有什麼兩樣。

這世上才能比自己好的人多得是，不知道的事物也多不勝數，但像這樣的人卻能從事自己喜歡的事物為生，有自信地創造收益。

就算擁有的技術、經驗與知識都差不多，若沒有正確的金錢觀念，最後的結果就會截然不同。

利用正確的金錢觀，獲得全新人生！

既然如此，接著就來一一說明，獲得「金錢的正確觀念」後，人生會產生什麼樣的變化。

掌握金錢觀念後產生的改變 1

瞭解技術與知識的價值

以往總是把「自己還差得遠了！」、「我還要再學習更多……」掛在嘴邊的人，在掌握了金錢的正確觀念後，就會展現出極大的改變。

因為他們終於瞭解自己所擁有的技術與知識，具有多大的價值。

「懂資訊技術的人多得是」、「還有很多人英語能力都比我好」、「收納不值得花錢學習」、「任何人都寫得出文章」——原本總是抱持這些想法的人，將自己的能力化為服務後，便創造出了財富。

掌握金錢觀念後產生的改變❷

可以坦然地賺錢

瞭解自己的價值後，將不會再對賺錢抱有恐懼，能夠堂堂正正地接受金錢。

當別人要給予自己報酬時，也不會再試圖拒絕、猶疑徬徨。

此外，**當然也不會再隨便提供朋友免費的服務了**。

從事技術支援的U先生，在一開始拒絕了想要以五千日圓的金額，請他稍微幫忙的人，現在的他則可以抬頭挺胸地收下三十萬日圓的酬勞。

掌握金錢觀念後產生的改變❸

不再迷惘該如何設定價格

絕大多數的客戶在一開始都會和我反應：「不知道該怎麼設定價格。」所以無論提供什麼服務，都只收取成本價，到最後手頭上一分錢也沒有。

不過在獲得金錢的正確觀念後，就可以有自信地為自己的商品及服務設定價格了。

而且還能正大光明解釋，為什麼自己會設定這樣的價格。

掌握金錢觀念後產生的改變❹

將目前的價格抬得更高

瞭解自己擁有的技術與知識的價值後，自然而然能把價格抬得更高。

換句話說，同樣的技術與知識可以創造出更多的財富。

而我大多數的客戶，每一年都會提高自己服務的價格，讓業績持續增加。提供的服務內容，也並非大幅提升到不可思議的境界。接受服務的對象，滿意度卻反而逐年增高。

掌握金錢觀念後產生的改變❺

從零開始創造財富

將自己的技術與知識變現，也就等同從零開始創造財富。

追根究柢，所謂的金錢其實是人類思考出的概念。製造紙鈔的紙張、製作銅板的金屬本身並沒有那麼高的價值。

由於只是單純的概念而已，要創造出多少財富都不是問題。

以寫作為副業的K先生，以前會因為本業的公司獎金變少而感到沮喪。不過現在他會認為「錢只要再賺回來就有了」，心情不再因金錢而起伏不定。

掌握金錢觀念後產生的改變❻

對自己抱有自信

能夠從零開始創造財富，是自己受到別人感謝的最佳證據。

在創造財富的過程中，一定會體悟到原來自己受到許多人的支持和愛戴。

如此，便能變得愈來愈有自信。

例如從事英語家教的N先生，正是因為對自己產生了自信，從派遣員工成功轉職成外商企業的正式員工。

深獲別人喜愛而創造出的財富，會轉化為自信。

這股自信會帶給人生極深遠的影響。

掌握金錢觀念後產生的改變 7

再也不會對金錢感到不安

從零開始創造出的財富，無論在何種情況下都一樣可以創造。

不用再擔心薪水、年金的問題。

也不需要在經濟上依靠家人。

掌握金錢的正確觀念後，就可以放心過著自由自在的人生了。

真正該學習的正確金錢觀

為了從零開始創造財富，我們需要掌握的正確金錢觀念究竟是什麼呢？

正確的金錢觀念大致可以分為下列四種：

第一種有關「人類的需求」，而這正是創造財富的根源。

人們之所以願意付錢，是因為感覺到自己有需求的緣故。

說到底，金錢的真相正是人類的需求。

若是不瞭解這個事實，就絕對無法創造財富。

不過如果是前面提到按時收到月薪或時薪的工作，就很難親身感受這件事。

因為身為上班族，其實沒有什麼機會可以接觸到實際付錢的人，所以並不容易理解人類的需求與金錢之間的關聯。

舉例來說，**即使是同樣的商品，有些人連一千日圓都不願意花，有些人卻願意付一百萬日圓也想要擁有，我們該如何看待這件事呢？**究竟是誰可以決定商品的價格呢？

只要親身感受、瞭解上述的原理，就可以順利運用金錢。還能從此擺脫「金錢＝時間」的上班族思維，創造出無限的財富。

掌握需求與金錢之間的關聯，就是創造財富的入口。

第二種是「設定金錢的正確目標」。

例如自己提供的服務，究竟該如何決定價格？

今年你想要創造出多少財富？

想要靠自己的力量創造財富，必須自己決定目標及規則，別人絕對不能代為決定。

事實上，很多人都在這一步設定了錯誤的目標。

一旦前提設定錯誤，後續就會出現很多問題，請千萬要留意。

假設一開始就對自己的知識與技術設定了錯誤的價格，視為目標的收入金額就會出錯，認為必須追求的能力等級也會失準。

明明是做自己喜歡的事，最後卻變成了一種義務。

若是前提設定錯誤，很可能會出現上述的結果。

反過來說，只要掌握設定正確目標的方法，就能從此獲得解脫，不再為金錢煩惱。

無須特殊技術，也不必埋頭苦幹，只要用自己原本的面貌，就能確實獲得豐厚的收入。

第三種則是「從零開始創造大筆財富的步驟」。

雖然想創造財富，但如果打從一開始就希望創造出大筆的收入，不免會感到沉重吃力，因此只要慢慢增加就行了。

在我看來，那些順利創業的人，都是按照適當的步驟循序漸進，逐步地增加財富。

剛開始就算金額微薄也不要緊，只要能慢慢提高就好。

不過幾乎所有人，都對正確步驟一無所知。

因為這些步驟都是在獲得成功前所經歷的過程，如果光看那些成功人士，不可能會知道他們在成功之前的歷程。

假若只憑感覺就貿然做出新的嘗試，很可能會跳過重要的步驟，蒙受巨大的損失。

我認為錢只要再賺就有了，但一旦喪失自信心則會造成很大的陰影。有時候甚至會需要花很多時間，才能漸漸撫平「自己是不是不適合這份工作」的自我懷疑，讓受傷的心靈慢慢痊癒。

因此一旦下定決心要靠自己的力量創造財富，就必須先學習正確的步驟。

只要意識到正確的步驟，在感到迷惘時也能確認自己所處的位置，明確掌握自己究竟該做些什麼。

這麼一來，就能一點一滴增加收入，不必承受龐大的風險。

第四種是「金錢與滿足感之間的關聯」。

畢竟要讓付錢的人感到滿意與感謝，才能順利賺錢。

但人類究竟是怎麼獲得滿足感的呢？

若是沒能掌握這個法則，不管付出多少努力也只是徒勞無功。

因為大多數人都沒辦法想像，別人究竟是如何獲得滿足感的。

若是一直往錯誤的方向努力，非但不能讓對方感到喜悅，反而可能會惹惱對方，引來諸多抱怨。

如果能掌握金錢與滿足感之間的關聯，就不必再付出無謂的心力。

只需稍作努力，就可以提供對方極大的滿足感。

不僅如此，讓他人滿意也意味著對方將因此而更加幸福，自己也能在工作中深刻體會到有所貢獻的喜悅。

藉由這樣的過程，收取報酬時的恐懼感也會漸漸消失。

即便沒有什麼特別出眾的才能，只要先學會這四種金錢相關的觀念，就能擺脫金錢帶來的煩惱，自己創造財富。

從下一章起，我將逐一講解這四種金錢觀念。

快跟著我一起進入主題吧！

第2章

只要掌握他人的需求，就能創造無限財富

創造財富的人，都具備的思考方式

我先從結論說起。

能輕鬆創造出財富的人會認為：「**我提供的東西價格很便宜！**」

事實上，只要掌握了「人類的需求」，無論是誰都會認為自己提供的服務與商品很便宜，各位可以放心閱讀下去。

為了更容易理解，我先提出一個問題：

你能夠賣出價值一千萬日圓的東西嗎？

怎麼樣？你覺得賣得出去嗎？大多數人都會回答：「我沒辦法將如此昂貴的

物品賣出去。」

那我換一個問題好了。

如果你是房屋仲介公司的業務，現在有一間市價五千萬日圓的房子，有機會用一千萬日圓買到，你賣得出去嗎？

這樣一問，幾乎所有人都會回答：「我覺得賣得出去。」

只要把這個消息透漏給親近的友人，幾乎是一瞬間就可以把房子賣掉了。

也就是說，價值一千萬日圓的物品是賣得出去的。

不覺得很神奇嗎？其實你有能力銷售出價值一千萬日圓的物品。

為什麼賣得出去呢？因為你認為這項商品「很便宜！」、「買到賺到！」、「不買就太可惜了！」

這麼想的話，無論是價值一百萬或一千萬日圓的商品，都可以賣得出去。

或許你會想：「雖然明白這個道理，但我沒辦法提供有價值的商品。」

絕對沒有這回事。大多數人其實早已擁有能夠變現的技術、知識與經驗。

這一點也不特別。事實上，每個人都可以改變對自己的認知。

「我提供的商品很便宜。」

「現在的我更有價值。」

「我值得獲得更多的財富。」

只要有這樣的自我認知，就能毫不猶豫地坦然賺錢。

為了更容易理解，首先我要解釋金錢的基本法則，也就是：「昂貴與便宜，究竟是取決於什麼呢？」

「昂貴」、「便宜」取決於「需求的強度」

一件商品或服務的價格高低，究竟是如何定義的呢？
你能解釋自己是怎麼決定商品價值的嗎？
在期盼創造財富時，許多人都會在這點茫然躊躇。

「不管再怎麼思考，都不明白自己的價值為何。」
「沒辦法設定服務的價格。」
很多人向我傾吐上述的煩惱，所以我很清楚大家都會在這裡卡關。

就結論而言，「昂貴」與「便宜」取決於顧客「需求的強度」。
如果會讓顧客強烈感受到「非擁有不可！」的物品，就可以賣出高價。

反之，顧客對商品的需求愈低，則只能用低廉的價格做銷售。

舉例來說，如果有一位棒球狂熱粉絲，就算要他花上高價，購買一顆最喜愛的職棒選手簽名球也在所不惜；但如果是對棒球一點興趣也沒有的人，簽名球就顯得毫無價值可言。

此外，高級牛排也是一樣的道理，對於已經吃飽的人，當然對牛排沒興趣，就算店家免費提供，如果才剛吃飽，也不見得會想吃吧！

總而言之，商品與服務的價值並不是從頭到尾固定不變的。

每一個人感受到的價值會因人而異，就算是同一個人，也會因為當下的心情而改變對價值的感受。

價值取決於感受。

所以「想破頭也想不出」商品的價值與價格，也是理所當然的。**因為價值與價格不是取決於「想法」，而是取決於「感受」**。

反過來說，只要瞭解人類的需求感受，就可以創造出無盡的財富。即便你只是原本的你，提供的也是同樣的產品與服務，但如果能創造出需求，顧客就會願意花大把銀子購入。

人們爲什麼會想去旅行？

想瞭解他人的需求，請先思考這個問題。

人們為什麼會想要去旅行呢？
是想要親眼看看金字塔嗎？
是想漫步於美麗優雅的中世紀街道嗎？
是想要在渡假村裡好好犒賞自己嗎？
是想在海灘上邂逅不錯的對象嗎？
還是想要自己獨處呢？

之所以想去旅行的原因不勝枚舉，不過追根究柢，是因為每個人都**擁有需要**

被填滿的感受。

- 金字塔 → 知性方面的好奇心
- 美麗的街道 → 想要獲得感動
- 渡假村 → 想要休息、放鬆
- 邂逅 → 想擁有怦然心動的感受
- 自己獨處 → 療癒自我

為了滿足這些需求，大家才會購物、接受服務、花錢購買體驗。

去看「電影」的人，是想要體驗興奮、心動、激昂的感覺，在電影院裡又哭又笑。

去「餐廳」用餐的人，是想要品嘗美味的餐點，在優美的環境中感受愉悅的心情。

與朋友一起去「居酒屋」的人，則是想要跟朋友把酒言歡，享受愉快、歡樂的交談樂趣吧！

也就是說，如果是劇情毫無跌宕起伏的電影、氣氛不怎麼樣的餐廳、不准客人聊天的居酒屋，大家應該完全不會想去吧！

因為無論是再怎麼厲害的商品，若無法滿足顧客情感上的需求，就毫無價值可言。

正因為有需要被填滿的感受，人們才會花錢在商品與服務上。

這就是金錢的基本觀念。

無法創造財富的根本原因

在已經瞭解「人們為了填滿自己的感受才會花錢」的前提下，我要再問各位一個問題。

在你的商品與服務上花錢的人，是想填滿什麼樣的感受呢？

事實上，只要好好掌握這一點，就可以從零開始創造財富。

無法創造財富的原因，說穿了，在於**根本不知道對方想要填滿什麼感受**。

所以並不是「你的商品毫無價值」。

只不過是**「你不曉得對方的需求」**而已。

舉例來說，當被別人問路時，你會怎麼做呢？如果你知道路，應該就會告訴對方怎麼走；就算不知道路，也會想辦法幫助對方吧！當別人東西掉了的時候，你可能也會幫忙撿起來，並告訴對方：「你的東西掉了喔！」遇到這種時候，大概就不會覺得「沒自信」了吧！

換句話說，只要瞭解對方的需求，就可以放心地為對方做出貢獻。

如果理解了這個原理，一切就變得再清晰不過。

與其不斷鍛鍊自己的技術，不如針對對方的需求提供服務就好。

只要掌握了對方的需求，自然而然就能創造財富。

例如從事技術支援的U先生，一開始也無法坦然地收下報酬。就算只是區區的五千日圓，也會認為自己「沒辦法收下這麼多」而拒絕。

然而，他現在的工作，卻可以向客戶收取三十萬日圓的費用。

如此巨大的變化實在太驚人了，對吧？

U先生究竟是怎麼下定決心提高價格的呢？在接觸許多人之後，他終於瞭解對於那些不擅長資訊技術的人而言，他會的技術有多麼「困難」。

當他親眼看到有些人坐在電腦前一籌莫展的模樣，才真正感受到「原來真的有人這麼不擅長用電腦」、「自己真的很想幫上對方的忙」。

他發現自己可以輕易解決那些人的困擾，將事情無法順利進行的挫折感一掃而空。

於是U先生就在**自身技術毫無變動的情況下，調高了服務的售價**。

也就是說，愈能掌握對方的需求與感受，愈能明白自己的存在價值，當然也就能自信滿滿地調高售價了。

語言能力普通的英語家教，爲什麼能賺進一千萬日圓？

剛剛已經解釋了只要掌握對方需求，就不必加強本身技術或知識的道理，但想必還是會有人感到難以置信。

在此，我想再舉一個例子補充說明。

先前我曾提到過，從事英語家教的N先生，多益成績才八百多分而已。如果英語教學的價值取決於多益分數的話，那麼大家應該不會選擇N先生吧！

但實際上，還是有人選擇購買N先生的英語課程。

甚至還有人選擇購入要價一百萬日圓的課程。

為什麼這些人會選擇N先生呢？

據說是因為N先生讓他們保持學習英語的動力。N先生擅長創造讓人不易懈怠的環境，還能使人感受到自己的進步，加上親切的指導方式，所以他的學生都能長久保持學習動力。

嚴格來說，其實N先生並沒有真正教授英語，而是傳授學習方法、推薦英語教材，學習則是客戶本身要做的事。

既然如此，N先生當然沒有必要親自教授英語。

對於「雖然想要自學英語，卻一直沒有動力持續下去」的人而言，最適合接受N先生的英語課程了。

於是儘管N先生的英語能力並不特別出眾、教學經驗不多、知識也不廣泛，卻還是有人選擇他的課程。

因為不是所有的人，都只想把工作交給最頂尖的人做。

一項商品或服務是否具有價值，會因客戶而異。認定是否有價值的標準，更是不盡相同。價值絕非由考試成績、從事時間、證照數量而定。

一定有人願意出錢

長年來在幫助許多人創造財富的過程中，我確定了一件事，那就是「無論是什麼東西，一定都有人願意出錢」。

舉例來說，當我前往某一場商業交流聚會時，遇見了一位感覺相當陰沉的人。他說話時好像沒什麼信心、音量也很低，一開始我還覺得「怎麼會有人願意把工作交給這麼陰沉的人」，深感不可思議。

不過和他愈聊愈多後，我漸漸發現他的確腳踏實地在做生意，而且也獲得了成功。

他的工作是偏向靈性的心理諮商，客戶都是心事重重的人。
既然如此，他就不需要表現得開朗積極。
對客戶而言，他給人的感覺並非「陰沉」，而是「氣質沉穩，讓人容易吐露心事」。
對於喜好靈性的顧客而言，他的「神祕感」更是一大賣點。

總而言之，無論是什麼樣的服務，都一定有人喜歡。

有些人想跟母語人士學習英語，有些人則偏好本國講師。
有些人比較想向身邊的人請益，而非知名的顧問專家。
有些人想向親切溫柔的老師學習，有些人則希望有人可以嚴格指導自己。
甚至有些人**比較喜歡實習廚師所做的料理，而非具有二十年經驗的日本料理職人精心烹調的料理**。

如果是文靜內向的人，身邊一定會出現喜歡這種氣質的人。
如果是會嚴格糾正別人的人，身邊也一定會出現希望被嚴格批判的人。
無論是怎麼樣的人，都一定會有與自己契合的對象。
因此，根本沒有必要羨慕比自己厲害的人。

「要是我像那個人一樣會說話就好了。」
「如果我的個性再開朗一點就好了。」
「要是我有高學歷就好了。」
「要是我有經驗就好了。」
「如果我有大筆資金就好了。」
「要是我的資訊技術再強一點就好了。」
「如果我有人脈就好了。」

「要是我長得帥就好了。」

完全沒有必要像這樣自怨自艾。
比起哀嘆這些事，不如把眼光放在對方的強烈需求上。

想想看什麼樣的人會願意「出錢購入你的服務」？
因為一切都是從這裡跨出第一步的。

配合對方的需求改變策略

只要明白對方的需求，要讓他花錢購入商品或服務，就會成為一件非常容易的事。

因為只要配合對方的需求，改變策略就可以了。

在此我用「蘋果」舉例，請各位思考一下。

商品同樣都是蘋果，面對喜歡品嘗美食的人，只要告訴對方：「這顆蘋果非常好吃。」蘋果的價值就能有所提升。

如果面對喜愛保養美容的人，只要告訴對方：「蘋果富含維生素，對肌膚很好。」他就會變得很感興趣。

如果是想要減重瘦身的人，就告訴對方：「早餐改吃一顆蘋果，對減重很有幫助。」或許就能奏效。

甚至有一個真實案例——對準備大考的學生說：「即使遇到颱風，蘋果也依然牢牢緊附在樹枝上，代表這是一顆不會落榜的蘋果。」結果就賣出了高價。

像上述例子，**即使提供同樣的物品，只要依照對象的需求改變銷售策略，就能讓原本平凡的事物變得價值非凡**。

從事技術支援的U先生也是一樣，自從改變銷售對象後，收入便大幅增加。有一陣子U先生在教長輩使用電腦與平板。長輩的需求通常是希望用平板與家人聯繫聊天。

U先生教會長輩們平板的使用方式後，他們都非常高興。

不過，由於長輩學習使用電腦的需求並沒有那麼強烈，因此沒有人願意支付大筆金錢。U先生的收入始終沒辦法有所提升。

但對中小企業的經營者或獨立創業家而言，U先生擁有的技術就顯得非常貴重了，他們願意支付數十萬日圓的大筆費用，獲得U先生的服務。

於是U先生**不需要改變自己原有的技術，找到了願意付出高價的客戶**。

為什麼只要將對象換成中小企業的經營者與獨立創業家，就能提高服務的價格呢？

請繼續閱讀下去，之後將會揭開這個謎底。

需求與金錢的原則❶

為了獲得期待的「成果」而付錢

接下來，我將說明「需求與金錢的原則」。為了在技術與知識保持不變的前提下，創造出更多財富，一定要先瞭解這個原則。

首先第一個原則，就是「人們會為了獲得期待的『成果』而付錢」。

舉例來說，從事技術支援的U先生，服務單價大約是三十萬日圓。即便是同樣的服務內容，在群眾外包網站上的單價只要幾千日圓而已。為什麼U先生的服務卻可以賣到三十萬日圓呢？

因為他提供的不只是承包工作，而是能使客戶生意大獲成功的服務。

其實有非常多中小企業經營者與獨立創業家，很不擅長這方面的技術。這些人雖然有商業頭腦，卻因為不善於使用資訊技術錯失許多商業機會。只要能在生意中導入資訊技術，便可以增加業績，同時減少成本。

不僅如此，這些經營者要求的不只是一次性的任務而已。為了提升業績，他們需要整體性的服務；為了讓自己的生意蒸蒸日上，需要有人幫忙構思所需的資訊技術架構，而且對方最好可以一手包辦所有服務。

因此，**U先生提供的並不只是「一次性的任務」，他販售的是整體資訊技術帶來的「成果」**。

簡單來說，他的客戶看到的並不是**「服務費＝五千日圓」**，而是將他的服務視為**「事業成功的架構＝三十萬日圓」**。從這個角度來看，三十萬日圓的單價再合理不過了。

市面上也有售價高達數十萬日圓的個人教練課程，因為同樣是在販售成果，才能制定這樣的單價。

所謂的成果可能是「體重減少」、「打造窈窕體型」。人們會因為追求這樣的成果而付錢。

如果是沒有特別設定成果的個人教練，可能以一次幾千日圓的價格販售健身課程；又如果是只提供場地的健身房，則可能一個月付幾千日圓就可以使用了。

需求與金錢的原則❷
爲了三大需求而花大錢

需求愈強，人們就會願意支付愈大筆的金額。

究竟是什麼樣的需求會如此強烈呢？

最具代表性的就是「人際關係」、「金錢」，與「健康」這三項。

接下來我將逐一解說。

1. 「人際關係」的需求——

我要先提出一個問題。

請問下列兩種服務中，各位會選擇為哪一種服務花大錢呢？

A：媽媽的時尚穿搭建議
B：相親的時尚穿搭建議

絕對是會願意為B——相親的時尚穿搭建議，支付更高的金額吧！

相信大家應該也能明白，專為媽媽設計的時尚穿搭建議，沒辦法提升單價的原因。就算是對時尚穿搭很有興趣的人，也不會特地花上數萬、數十萬日圓，請別人來搭配服裝。

反之，如果是有明確目標，例如需要相親的人，就會願意在穿搭建議上花大錢。因為對於想要結婚的人而言，這是一個非常實際的問題。

「想要結婚」正是「人際關係」的需求之一。

為什麼人們會為了人際關係花大錢呢？因為人際關係帶來的感受非常強烈。例如與朋友之間的人際關係、職場上的人際關係、可怕的主管、叫不動的下屬、想要有男女朋友、受家人問題所苦等等，人際關係上存在著各式各樣的煩惱，無論哪一個環節都會喚起人們強烈的感受。

據說**人生有八成的煩惱都來自人際關係**。每一種人際關係上的煩惱都會為日常生活帶來強烈的痛楚，因此大家才會不惜花大錢也想好好解決。

2.「金錢」的需求——

只要能看見金錢上的回報，人們就會願意投資相對應的金額。

舉例來說，中小企業經營者與獨立創業家，之所以願意在資訊技術上支付大筆金額，都是因為他們能預期投資後獲得的成果。

此外，如果一定要學好英語才能在工作上出人頭地、換更好的工作，大家就會願意花上數十萬日圓學習英語。希望之後的薪水可以步步高升，這就是必要的投資。

我再舉個更實際的例子，有些公司的職員需要自費參加多益考試，要是沒有考到一定程度的分數，就得一直參加考試，不僅花錢、難得的假日都會付諸流水。正因為有必須通過考試的強烈需求，才會有人願意花上數十萬日圓購買英語課程。

3.「健康」的需求——

人們也會在健康上花大錢。

如果是會危及性命的疾病，花上數十萬、數百萬日圓也在所不惜，我想大家應該都能感同身受。

因為活下去是人類最根本的需求，這股需求非常強而有力，所以當然願意花大錢維持健康。

就算不至於危及性命，覺得腰痛時人們就會去推拿整骨，牙痛時當然也會去看牙醫。為什麼呢？因為人一旦感到「疼痛」，就會產生消除疼痛的需求。

只要一感受到「疼痛」，人們就會立刻付諸行動。

如前所述，我已經告訴各位人類的三大強烈需求。如果想要提升自己服務的單價，一定要朝這三個方向思考。

舉例來說，如果想提供課程，符合「人際關係」需求的課程就有：

- 相親課程
- 改善職場人際關係的課程

符合「金錢」需求的課程有：

- 英語課程
- 轉職課程

符合「健康」需求的課程有：

- 改善腰痛、肩頸僵硬的課程
- 改善體質的課程

這些都是可行的服務內容。不過，隨著需求強烈程度的不同，每位客戶願意支付的金額也會有所差異。

在第一章中我曾提到，K作家的年收入超過一千萬日圓，不過一般的作家很難獲得這麼高的收入。光是依靠代筆部落格或社交網站、寫網路文章的稿費等，並不容易提高單價。

K作家因為推出電子書出版企劃的服務，才提高了單價。

因為K作家的提案，與顧客希望「提升品牌價值」、「想要成名」、「需要增加粉絲數」等**金錢相關的強烈需求，直接形成了連結**。

同樣寫字數相仿的文章，只要顧客的需求愈強，單價就能拉得愈高。

需求與金錢的原則❸
換算成價格，就能感受到價值

人們會在自己希望獲得的成果上花錢，但這些成果究竟具有多少價值呢？

如果換算成金錢，到底值多少錢呢？

其實，如果將成果直接換算成金額，人們會感受到更高的價值。

舉例來說，從事技術支援的U先生，提供給客戶的資訊技術，將會帶來「提升業績」與「降低成本」的成果。

如果他成功架構出可以同時提升業績並降低成本的系統，換算成金錢究竟有多少價值呢？

大規模的企業，每個月至少可以創造數十萬、甚至數百萬日圓的利益。若用一年來計算，幾乎是數百萬、數千萬日圓的規模。

這麼一想，U先生要求的三十萬日圓，對客戶而言實在太便宜了。

此外，也有人向從事英語家教的N先生，購買一百萬日圓的英語課程。願意付出鉅款購入英語課程的人，究竟在想什麼呢？

其實這位客戶是進軍海外的企業經營者。

他每年出國好幾趟，每次都必須雇用隨行口譯人員。只要一出差就得要多花上好幾十萬日圓。

在接受N先生的訓練後，就算他的英文還是沒辦法說得如當地人一般流利，但也不再需要隨行口譯人員協助，省下了每次出差的口譯費用。

從這個角度來看，一百萬日圓的投資並沒有很貴，而是恰當的金額了。

不過，有時候成果並沒辦法用數字來表現。

例如相親課程之類的服務。

這種時候不妨站在客戶的立場，想像看看「若能擁有人生伴侶，值得付一百萬日圓嗎？」

若能擁有相伴一生的伴侶，每天過著幸福充實的生活，這樣的人生具有多少價值呢？伴侶的價值是十萬日圓，還是一百萬日圓，甚至是一千萬日圓呢？我想，這樣的伴侶當然是無價之寶。

既然如此，相親課程的售價設定為三十萬或五十萬日圓，肯定是非常合理的價格了。

另外，I女士的收納顧問課程，又該如何計算價值呢？

看到亂七八糟的客廳後油然而生的壓力，如果全都能消失無蹤的話，會具有多少價值呢？

如果成果維持一輩子，應該有不少人會覺得三十萬日圓很便宜了吧！

只要像這樣瞭解人類的需求，就能放心開出高價。

接下來，我要介紹的是可以更進一步，深入感受人類需求的方法。

需求轉變為金錢的感受法❶
將情感帶入故事情節，就會熱賣

掌握人類的需求，是讓我們可以心安理得賺錢的關鍵，不過究竟該如何得知，並深切感受到他人的需求呢？

接下來介紹三種具體的方法。

這三種方法都非常簡單，請務必參考看看。

首先是聆聽對方的人生經歷。**這不僅是最簡單的方式，也是能將自己代入對方需求的最高原則**。因為愈瞭解對方，就愈能創造財富。

舉「收納」為例。

雖然現在我已經可以瞭解，為什麼許多人願意花費數十萬日圓學習收納，不過一開始我的確無從想像，心想「不是自己收一收就好了嗎」？

於是我問了身邊的人，關於收納的煩惱。

我試著用這樣的方式開啟話題：

「似乎有人願意花錢學習收納呢！」

跟別人聊過之後我才瞭解，確實有人「很不擅長收納」。更令我吃驚的是，有好幾個人都向我表示也想學習收納。

有個朋友和我說，家裡凌亂不堪是他離婚的原因之一。聽說他與前妻都非常不擅長整理。

對方在述說這件事時散發的沉重氛圍，讓我印象非常深刻。他的表情陰沉、聲調也很低沉，用字遣詞都非常消極。

聽了他的故事後，我才漸漸明白不擅長整理的感受，終於打從心底認同「原來不會收納是這麼嚴重的事啊」！

我徹底瞭解到，如果會經歷像離婚這樣如此痛苦的事，當然會有人願意花幾十萬日圓好好學習收納。

從事技術支援的U先生，之所以能坦然賺錢，也是因為聆聽了那些不擅於資訊技術的人述說的煩惱。

對那些不擅長資訊技術的人而言，就算只是十分鐘就能做好的事，他們也願意付出五千、一萬日圓請專家來做。

而且他們還會對U先生說：「我花三個月都做不到的事，你一下子就幫我解決了！」非常感激U先生的幫忙。

U先生聽說他們就算勤於閱讀，參加講座學習了新的知識，但「遇到電腦問題都會挫折不已，覺得很不甘心」、「連坐在電腦前都覺得很煩」，終於體會到他們的痛苦。

然後，他才漸漸開始感受到自己的價值。

對U先生而言，短短五分鐘就能解決的小事，**對客戶來說卻是需要耗費三個**

月時間的大問題——從與客戶聊天的過程中，他終於深切體會到這一點。

為了更清楚掌握對方的需求，得知對方現在正煩惱些什麼、為了什麼而痛苦不已、為什麼需要這項服務，請多聆聽對方具體發生的事吧！

接著，還需要再確認一件事，那就是如果對方的煩惱能獲得解決的話，在未來可以達到多理想的狀態？

換句話說，事前、事後的狀態都必須掌握才行。

最重要的是對方的感受。對方現在究竟抱著什麼樣的心情？有多痛苦、多難受、多悲傷、多麻煩，要是事情獲得解決之後，又會感到多喜悅、多快活、多鬆一口氣呢？請對方盡量將自己的感受訴諸於言語，這樣才能更清楚掌握全貌。

需求轉變為金錢的感受法❷
讓人感受到價值的服務，就能熱賣

「這種服務實在是太棒了！」

「我也想要做這個工作！」

在所有成功案例中，大多數的成功人士，都是從這樣的想法開始著手創業。

唯有自己也能感受到價值的服務，才可以抱持十足的信心提供給客戶。

舉例來說，要是有人因為參與了相親課程，順利找到對象步入禮堂，應該就能深切感受到這項服務的優異之處吧！說不定自己也會想提供這樣的服務，讓更多的人獲得幸福。因為自己親身實踐後獲得滿意的成果，深切感受到這份喜悅，才能對這項服務抱有滿滿的信心。

以我個人為例，當我還是公司職員時曾參加過一場講座，就此改變了我的人生。我覺得那場講座非常了不起。

多虧了那場講座，當時我負責的新事業順利上了軌道，接著還讓我成功獨立創業。

正因為擁有這樣的經驗，我才會想要「讓更多人參與一場好的講座」，現在的我才會投入協助別人成長的工作。

過去的日子裡，我不僅找來許多位優秀的講師為大家上課，也把自己學到的事物整理出來、集結成書。

還有一次，我參加了一場連續三天、要價數十萬日圓，專為經營者設計的行銷講座。

「才短短幾天就要價好幾十萬日圓的講座，究竟會有什麼樣的內容呢？」我滿懷期待參加了講座，但講座內容卻不那麼讓人驚喜，而且有許多只要讀了那位講師的著作，就可以得知的內容。

不過比起閱讀文字，親臨現場還是讓人感受到不同凡響的魅力，加上可以與其他參加者一起研習實作，令我備感敬佩。我認為，將書裡的內容付諸行動，確實可以提高業績。

如果是大規模企業的經營者，**只要將在這場講座裡獲得的一、兩個靈感付諸實行，或許就能提升好幾千萬日圓的業績**。想到這裡，好幾十萬日圓的講座費用，是不是就顯得很便宜了呢？

因此，我可以認同這場講座具有好幾十萬日圓的價值。

在逐步累積經驗的過程中，我自己也參加了好幾次這種收費高昂的講座。

相反的，若是連自己都沒有深切感受到「這項服務很有價值」，便很難賣得出去。

曾經有一位客戶，雖然他已經學習了如何教授課程，但單價卻一直無法提高到數千日圓以上，於是來找我諮商。

當我陸續詢問對方細節後，發現他自己也沒有繼續進修，因為他並沒有深切感受到價值所在。

他剛開始進行這項事業時，本來就沒有花額外的成本學習，自己也感受不到課程的優點，當然也就無法感同身受，那些願意花數十萬日圓購買課程的人，到底在想些什麼。

自己覺得很「便宜」，感受不到價值所在的事物，當然也就賣不出去了。

需求轉變為金錢的感受法❸
省下對方的勞力＝金錢

此外，也有些人是因為「不想花時間與體力」而願意付費。

只要能讓自己遠離痛苦，人們就會覺得該項服務便宜。

我以前曾在網路上購買一位知名經營者的訪談DVD，售價應該是幾千日圓左右。只要花一個小時，就可以瞭解那位經營者的商業思考模式，對我來說非常有幫助，也讓我對自己的事業產生了許多新的靈感。

這讓我不禁開始思考，要是我必須自己去找那位經營者，聽他分享心路歷程，絕對會是非常麻煩的一件事。

首先，要約到對方見面就已經很困難了，即便能碰巧見上一面，也不可能占用他一個小時的時間。如果要跟對方培養出深厚的關係，又要花上多少時間？或者需要花上多少費用呢？這麼一想，還真是不可能的任務。

回過頭來看，我只花了數千日圓就可以聆聽對方的心路歷程，真是太划算了，讓人不禁覺得DVD的售價非常便宜。

正因為有了這樣的經驗，對於製作影片教材來販售，我抱持非常正面的看法。當我在製作、販售影片教材時，一直以大多數人應該會覺得「只要花這個價錢，就能得知這些內容非常划算」的心態在進行。

U先生雖然以三十萬日圓的價格，提供技術支援的服務，不過只要想想他付出的勞力，其實也算是相當便宜的價格了。

在整體的資訊技術服務中，除了要管理社群、架設官網之外，還包含了許多工作。更重要的是必須先瞭解客戶事業的全貌，與客戶一起思考經營策略。

萬一**這些工作全都要經營者一手包辦，絕對會耗費難以想像的時間**。

如果要自己學習管理社群、部落格、發送電子報等設定，還要通曉官網的架設方式、產出官網的文章與設計等，根本沒剩多少時間可以進行本業了吧！

只要考量到可能損失的機會成本，三十萬日圓已經算非常便宜了。

不妨這樣試想看看，若對方要從零開始摸索自己提供的服務，究竟需要花多少時間與金錢？

只要這麼試想過後，應該就可以對自己提供的服務充滿自信了。

第 3 章

正確的財富目標是——？

七個財富的思考盲點

想要創造財富的人，一定要特別仔細閱讀這一章。

那些從未以自己能力致富的人，通常是因為設立了錯誤的財富目標。

首先，請一一確認，

各位是否也有下列七個「財富的思考盲點」呢？

1. 一定要有很多人願意買單。

2. 必須提供獲得所有人認同的服務。

3. 因為有酬勞，一定要提供100%完美的成果。

4. 非得做出差異。

5. 一定要成為第一名。

6. 必須成為很厲害的人。

7. 不成功就毫無價值。

若是不曾有過創造財富的經驗，很容易落入這七個思考盲點。而且一旦抱有這些錯誤的想法，就會更難創造財富。

因此我希望各位把以往對財富的認知，全部砍掉重練，以毫無壓力的方式，重新理解財富的正確目標。

請仔細閱讀這一章的內容，徹底清除腦海中七個常見的思考盲點吧！

接下來，我將開始一一說明七個正確的財富觀念。

創造財富的正確觀念❶

不需要有很多人願意買單

無法坦然賺錢的人，最容易誤解的思考盲點就是——**「一定要有很多人願意買單」**。

要讓很多人願意買單，並不是一件容易的事。

甚至可以把這當作是只有大企業才做得到的任務。

如果一開始就把目標放在讓所有人都願意買單，就像剛開始爬山就貿然挑戰聖母峰一樣，很快就會遇上挫折。

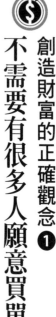

而且實際上，也沒有必要讓很多人買單。
只要稍微計算，就會發現這個顯而易見的真相。
請冷靜下來具體思考，在一年內，你需要讓多少人花錢購買你的服務呢？

一百人嗎？
還是一千人呢？

以I女士從事的收納顧問為例，據說她的服務費用為三十萬日圓，只要有十位顧客願意購買，就能賺到三百萬日圓。

十位顧客是三百萬日圓。
二十位顧客是六百萬日圓。
三十位顧客是九百萬日圓。

若是一年內有十到三十位顧客願意購買，賺到的錢應該就很夠自己一個人用了吧！

既然如此，每個月只要有一到三位顧客願意買單就好。

這麼一想就能明白，其實要靠自己的能力謀生，自由自在地生活，並不是那麼困難的一件事。

既然接受服務的顧客不多也沒關係，就沒必要應付廣大客群的需求，只要專精於自己喜歡或擅長的事物就好。

我想應該沒有太多人會花數十萬日圓學習「收納」。

或許只有1％的人願意而已。

不過**以日本全國的規模來看，即便是這麼小眾的領域，還是很有市場**。

儘管只有1％的人有學習收納的需求，以日本的一億人口來說，就有一百萬人是潛在顧客。

就算只有0.1％，計算起來也有十萬人之多。

只要利用網路，就可以輕鬆觸及大規模的市場，就算只有1％的人願意學習，這門生意也完全行得通。

實際上，I女士從事收納顧問的收入，早已超越三千萬日圓了。

創造財富的正確觀念❷
不需要獲得所有人的認同

無法坦然賺錢的人，容易產生的第二個思考盲點是「**一定得提供能獲得所有人認同的服務**」。

一旦抱持這種錯誤觀念，過度在意別人的批評，就無法自信地販售自己的商品或服務。

「有人懷疑我的英語課程『真的有效嗎？』」

「向對方說明顧問進行的方式後，被質疑『太奇怪了』。」

「有人說我的收納服務『太貴了』。」

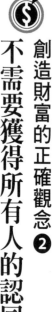

甚至有些創業者只不過被一個人提出質疑，就徹底失去信心，放棄了自己的事業。

「對自己的商品沒什麼信心」的人，是因為他們誤把目標放在「獲得所有人的認同」上。

讀到這裡，各位應該都可以明白，我們並不需要獲得所有人的認同。

其實，根本也不可能「獲得所有人的認同」。因為每個人的需求都不相同，這世界上絕對沒有哪一個商品，有辦法滿足所有人的需求。

「要對自己提供的商品有信心」，關鍵並不在於「獲得所有人的認同」。

「對自己提供的商品有信心」的關鍵，是**認清「只要有需要的人願意購買就好」**。也就是說，只要下定決心，只與那些自己可以幫得上忙的對象往來就沒問題了。

「我不清楚別人怎麼做，不過我可以靠這個做出這樣的成果。」
「我會以這個價格提供服務，只要能接受的人願意購買就好。」

這就是有自信賺錢的人能到達的境界。

所以，根本不必在乎那些七嘴八舌地質疑「真的有效嗎？」、「太奇怪了」、「太貴了」的人。

要推翻那些質疑是非常困難的事。對原本就不打算購買的人說得再多，他們還是不會買。既然沒有打算出錢，也就不必浪費時間在他們身上了。無論是當面提出的質疑，還是網路上的酸言酸語，都讓它隨風而逝就好。

比起質疑的聲音，真正該認真對待的，是那些高聲讚美你的服務的人。

這麼一來，就不必在乎競爭對手提出的價格，可以自信地用原本的定價提供服務。

就算有99%的人，認為你的服務「毫無價值」，但只要有那1%的人能感受到價值、願意花錢購買就夠了。

舉例來說，世界上有千百種學習英語的方式。英語家教N先生提供他自己的方法，協助別人學習英語，而利用他的方法學有所成的人並不在少數。

世界上還有很多學習英語的方法，也有很多N先生不清楚的事，當然也有N先生無法提供協助的領域。

不過，只要在誠實說明的前提下訂出價格，讓願意表明「沒關係，務必請您教我英語」的人簽下課程合約就好。

另一方面，世上關於收納的手法也無奇不有，I女士只是將自己所學習、實踐的收納方式傳授給學員而已。她並不知道其它收納方式，或許也有人不適合使用她的收納方式。

不過，只要有認同I女士學習內容及定價的人願意買單，就沒有問題了。

不需要去在意那些不認同自己的人。

我已經說過很多次了，無論是什麼樣的服務，一定會有人能感受到價值。無須努力成為別人，只要靈活發揮自己的個性、特質，提供獨一無二的服務，就會有人樂意接受。

一定有人願意用你提出的價格購買你的產品，並且備感滿意。

容我再一次強調。

「我不清楚別人怎麼做，不過我可以靠這個做出這樣的成果。」
「我會以這個價格提供服務，只要能接受的人願意購買就好。」

請抱持這樣的心態，對待眼前的客戶。

創造財富的正確觀念❸
不需要保證帶來100%完美的成果

無法坦然賺錢的人，容易產生的第三個思考盲點是「**因為有酬勞，所以一定要提供完美的成果**」。

一旦抱持這種錯誤觀念，就會因為「太害怕自己做不好讓客戶生氣」，而裹足不前。

在前面的章節中也有提到，人們之所以願意付錢，是因為「期待成果」。

可是，當我們在提供服務時，難道非得保證會帶來100%完美的成果嗎？非得做出成果不可嗎？

如果在一開始有對客戶保證，一定會做出成果，那當然非遵守約定不可，可能也需要制定退費的規則。

不過，事實上大多數的服務並不用保證做出成果，也沒必要做出成果。

順帶一提，有些服務成果的價值極為高昂。

如果有人提供保證交得到男女朋友、保證結婚的服務，有些客戶甚至會願意付好幾百萬日圓。

如果只要接受一次腰痛的治療，就一輩子不會再發作，或許會有很多人願意付一百萬日圓，獲得這種成果。

如果有保證懷孕的治療，不要說兩百萬、三百萬日圓了，甚至是一千萬日圓，肯定都有人願意雙手奉上。

總而言之，**如果這世上有保證獲得成果的服務，價格開得再高都不是問題**。

反之，要是價格沒有開得這麼高，也就沒有必要保證獲得成果了。

如果沒有做出成果就必須退款，那麼有做出成果的話，當然也要收取成功報酬才行。在我的拙作《創業第一年的金錢教科書》（暫譯，起業1年目のお金の教科書）中也有提到，如果幫客戶架構好網站，業績沒有提升客戶就不願意付錢，那麼如果客戶從網站賺進好幾百萬日圓的業績，也必須付給製作公司同比例的酬勞才對。

大多數的商品與服務，只能「協助」或讓客戶「有機會」獲得想要的成果，並不能保證「一定」會獲得。**畢竟想獲得成果，也需要客戶本身的努力才行**。

舉例來說，有些人認為若能飼養寵物就會變得幸福；有些人認為買了房子就能獲得幸福。但也有結果不如預期的例子。

有些人買了服飾店裡強調「招桃花」的衣服，但並沒有變得更受歡迎；當然也有很多人讀了關於「在幾個月內結婚的方法」的書籍，卻始終未能如願。

即使是雜誌上人人都讚譽有加的高級甜點，買回家後如果忘了放進冰箱，當然也會變得酸臭、不再美味。努力做出美味甜點是店家的責任，至於能不能真的享用到美味的甜點，則是各憑造化了。

雖然常說「付錢就是大爺」，但要是本人不願意付出努力也沒有用，這個世界就是如此。

當你換個角度，把自己當作接受服務的消費者，應該很容易明白這個道理。

明明就是自己讓甜點變得酸臭，你會去跟店家抱怨「甜點不好吃」嗎？

還是你會去向寵物店或建設公司抱怨「我沒有感到幸福」嗎？

又或是你會去服飾店抗議「我完全不受歡迎」嗎？

應該幾乎所有人都不會做這種事才對。

創造財富的正確觀念❹
不需要做出差異化

無法坦然賺錢的人，容易產生的第四個思考盲點是「**非得做出差異**」。

若認為一定要做出差異，不能跟別人提供一樣的內容，從一開始就會覺得諸事不順。以為「找到獨一無二的強項後才能著手進行」，只會讓自己陷入永無止境的思考而已。

在剛開始提供小型服務的階段，並不需要特地做出差異。

因為創業初期，幾乎都是從地區交流聚會或社群網站上，面對個別的顧客。

不可能從一開始就需要應付幾十位、幾百位顧客。

所以不需要特地跟競爭對手比較、試圖做出差異。只要專心面對眼前的顧客，把重點放在如何解決對方的需求就好。

舉例來說，從事技術支援的U先生，遇到正苦惱於部落格與社群網站設定的客戶。只要幫對方解決問題，就能順利取悅對方，並收到報酬。

當U先生出現在那些苦惱於設定問題的人面前時，對方難道會一直追問他：「你跟別的技術人員有什麼不一樣嗎？你的強項是什麼呢？」這是不可能的。只要U先生能幫助自己順利解決問題就謝天謝地了。

如果你已經獲得對方的信任，就可以確認自己到底能不能幫上對方的忙；**既然你已經與對方建立了如此親近的關係，便無需再與別人比較了**。

完全沒有必要刻意與別人有所差異。

要是太過在意要做出差異，會不自覺將眼光放在競爭對手上，而不是眼前的客戶。反而沒有全心全意專注於如何使對方滿意。

當然了，如果要開始採取打廣告等策略拓展服務範圍，可能就需要開始思考如何做出差異了。

不過，到時你的實力已經有所提升，自然而然會知道為什麼大家都願意選擇你的服務，強項也會漸漸浮出檯面。

一開始最重要的，是好好面對眼前的對象，留意別讓自己想太多，免得到最後什麼事都做不了。

不需要思考如何做出差異，只要把全部精神都放在讓眼前的對象滿意就好。

創造財富的正確觀念❺

不需要成爲第一名

無法坦然賺錢的人，容易產生的第五個思考盲點是「**一定要成為第一名**」。

如果只有第一名才可以受到青睞，那麼無論各種行業，都得將目標設在頂尖才行。這代表必須以最優異的品質或最便宜的價格一決勝負，絕對會是非常困難的任務。

若是誤以為「只要比別人差，就不會受到消費者的青睞」，就會自顧自地假想出對手、與別人比較，最後變得疲憊不堪。

此時，請試著站在「消費者的立場」思考。

換句話說，不妨捫心自問：「我只願意買最好的商品嗎？」難道你能從頭到尾都堅持只買最高品質的商品，或是最便宜的商品嗎？

我認為實際上很難做到這件事。

舉例來說，我常常聽到有人分享，雖然自己去的那間居酒屋沒有那麼美味，不過自己就是很喜歡去那裡喝一杯。

此外，我也時不時耳聞別人因為業務新手努力地推銷，就向他購買了產品。

我有個朋友很喜歡聽音樂劇，但讓他著迷的，卻是歌曲還唱得不太好的演員所待的劇團，而不是那些能歌善舞的劇團。他說：「不知道為什麼，就是很想支持對方。」

從上述的例子可以瞭解，就算自己的服務比競爭對手差、經驗比同業更少、待客技巧還不是那麼圓滑，只要顧客滿意，那麼一切都不是問題。

因此，並不需要追求讓商品的品質與價格脫穎而出。不需要總是汲汲營營與別人比較、與競爭對手拚得你死我活，陷入痛苦又殘酷的鬥爭。

而且，就算真的拚到第一名，為了死守冠軍寶座還是必須奮戰不懈，這種競爭永遠不會有結束的一天。

即使沒有成為第一名，事業還是可以獲得成功。既然如此，**就算有一百名同業，這一百人都可以成功**。

舉例來說，假設有一百個人都從事技術支援的工作，這一百人都有可能做得風生水起；就算有一百位作家、一百位整骨師，都可能獲得成功。

即便是同一種行業，也不會有人能提供完全一模一樣的服務。

每個人都依照自己的路線前進，展現自己獨有的風格。

每一種風格都會吸引不同的客群，最終獲得成功。

如同先前提到，沒有必要讓大多數人都買單，當然也就不需要跟別人搶奪顧客了。

要是**太過在意同業，將精力白白浪費在與別人競爭上，並不會有任何好處**。把焦點放在為眼前的對象、為對方做出貢獻，如此成功的機率絕對比較高。

如果能與同業互相切磋、共同提升商品及服務品質，當然再好不過。

不要只想踩低別人，而是互相學習、互相成長、共同努力，那麼所有人都能得到幸福。

創造財富的正確觀念❻
不需要成爲很厲害的人

無法坦然賺錢的人，容易產生的第六個思考盲點是「要成為很厲害的人」。

很多人都幻想成為知識與經驗都很豐富的人。

每天忙於工作、像苦行僧似地朝目標前進，在大家面前能侃侃而談，抱有遠大的夢想，善於驅使別人行動，擁有最強的最新技術，而且對金錢與數字都很敏感等等，以為自己要活得像超人才行。

不過，實際上這種人並不存在。

在和業績好幾億日圓的創業家、著作熱賣超過一百萬本的作家往來的過程中，我發現大家都只是普通人而已。

大家都會有許多不知道的事情。
站在很多人面前時，都會感到緊張。
一旦失敗就會心情低落。
發現自己弄錯約定時間都會焦急慌張。
都因為睡眠不足而想多睡一點。
要開始做事前都會覺得很麻煩。
為了追上最新技術而精疲力竭。
沒辦法長時間維持動力，需要看漫畫放鬆一下。
不知不覺就開始滑起手機。
忍不住吃垃圾食物。
忘了幫筆電充電。
吃完午餐後昏昏欲睡。

……所有人都是非常平凡的一般人。

能順利成功的人，以及無法成功的人，究竟差在哪呢？

差別其實在於**是否有認知到「自己只是一個普通人」**。

也就是說，無法順利做出成果的人，通常會過度高估自己的能力與意志力，認為「自己應該還可以做得更好才對……」。

總而言之，就是對自己抱有太大的期望。

我們的目標並不是成為超人，而是在認清自己只是一個平凡人的前提下，努力做出成果。

能順利成功的人，可以接受自己並不夠好。

從自己不夠好的角度出發，開始建立計畫。

創造財富的正確觀念7

就算不成功，你還是很有價值

無法坦然賺錢的人，容易產生的第七個思考盲點是「只要不成功，就毫無價值可言」。

賺不到錢的人很容易覺得自己毫無價值。

可是，若真的到這麼嚴重的程度，創造財富就會變成一件很痛苦的事。

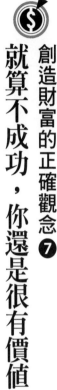

在此，一定要掌握一個非常重要的觀念。

雖然在學習財富的觀念時，常會出現「價值」這個詞彙，不過在思考這個詞彙時，一定要多加留意。

只要一不小心，很容易落入誤以為「自己沒有價值」的陷阱中。

最重要的是，**「身而為人的價值」與「市場價值」**是兩回事。

本書中談論的價值只針對「市場價值」而已。

我也強調很多次了，對方感受到的價值、甚至是否擁有價值，都是取決於買方的需求強度而已。

買方認為有十萬日圓的價值，你的商品就值十萬日圓；買方認為有一百萬日圓的價值，你的商品就值一百萬日圓。

在交易上的價值，全部都是買方說了算。

另一方面，這世上還有一種「身而為人的價值」。

指的是自己作為人類，存在於這個世界上的價值。簡單來說，就是「活著本身就很有價值」。

身而為人的價值絕非取決於他人，世上沒有人可以決定「這個人活得很有價值，那個人活得沒有價值」。

自己的價值是由自己決定。

一旦把市場價值與身而為人的價值混為一談，人生就會變得痛苦萬分。

尤其很多經營者都會把公司的業績多寡，視為自己身而為人的價值。

這麼一來，雖然事業發展不錯時不會有問題，但一旦業績開始下滑，立刻會感覺「自己沒有價值」、「沒有人把自己放在眼裡」、「別人瞧不起我」，恐慌感油然而生。

但事實上，業績代表的市場價值，與身而為人的價值毫無關聯。

一般來說，從事金融業與建設業的人，因為商品單價高、業績也會很高，而從事小型餐飲業的人，業績就會比較低。

萬一業績真能決定一個人的價值，那麼從事金融業與建設業的人價值就比較高，從事餐飲業的人價值就比較低。

但事實絕非如此，對吧！

像這樣舉他人為例，很快就能明白這個道理，但實際上遇到自己的商品賣不出去、收入變低時，就會開始陷入「唉……自己毫無價值」的低潮裡。

每當遇到這種時刻，不妨重新打開這本書吧！

我周遭也有很多夥伴僅靠自己的力量創業。

當業績狂飆時就租借新的辦公室，再多雇用幾名員工一起打拼，沒想到整個業界卻突然景氣低迷，又得搬回小辦公室……其實很多人在創業上都有這種載浮載沉的經驗。

但是，**無論收入或業績是增是減，每個人都是非常重要的夥伴**。

不管商品賣不賣得出去，身而為人的價值是不會改變的。

身而為人的價值，不會因為財富或知名度等方面的成功或失敗有所改變。

商品與服務的市場價值取決於買方。

不過，請自己決定身而為人的價值。

我本身並不會說「光是活著就很有價值」這種冠冕堂皇的話，但我認為當我們每個人出生時，就已經獲得了「可以活下去」的許可證。

所以，無輪工作與收入如何，只要好好活下去就行了。

第 4 章

從零開始創造龐大財富的最短路徑

愈深入瞭解對方的需求，愈能增加財富

身為一個徹頭徹尾的初學者，想要從零開始創造財富，一定要穩紮穩打，每個小步驟都要按部就班前進。

在本章中，我將會解說能夠讓人安心創業的每一個小步驟，以及一定要遵守的規則。

創業之初容易遭逢挫折，是因為一開始的目標放得太遠大。

請各位先從小錢開始，再慢慢拓展、逐步增加業績就好。

現在能提供價值好幾十萬日圓技術支援服務的U先生、從事英語家教的N先生，以及從事收納顧問的I女士，最初都從幾千日圓賺起。

一開始的三千日圓報酬會慢慢增長，在不知不覺間達到三十萬日圓的規模。

現在你或許會覺得，金額怎麼可能暴增一百倍之多。不過請放心，只要按部就班做好每一個小步驟，不知不覺就可以達到這個境界了。

初學者想要從零開始創造財富，首先最重要的步驟，是要理解對方的需求。接下來則是要讓自己的商品與服務，漸漸被對方覺得「便宜」。

所以，就算只有幾千日圓也好，請先試著擁有創造財富的經驗吧！

現在我要先介紹**「初學者創造財富的三項鐵則」**。

只要遵守這三項鐵則，循序漸進地前進，就可以掌握對方的需求與自己的價值，逐步創造財富。

接下來，我則會解說**「從零開始創造財富的五個步驟」**。

其實，各位應該可以稍微想像到每個步驟的內容吧！

初學者創造財富的鐵則❶
在確保放心的前提下前進

在挑戰新事物時，你是否會覺得有點害怕呢？

這時候最重要的，是在確保放心的前提下前進。處在恐懼不安的狀態下，絕對無法一邊發抖、一邊前進。因為此時你正在做一個超乎負荷的挑戰。

對初學者來說，要靠自己的服務從別人那裡獲得報酬，本來就是一件非常困難的挑戰，即便別人再怎麼厲害，也沒有必要模仿。只要按部就班做好每一個步驟，放心前進就好。

例如，有些人「**很想自由接案養活自己，但想到要辭掉工作還是很害怕**」。

不能因為這樣就裹足不前。可以先從副業開始，嘗試一點點新的事物，而這點從今天就可以開始去做。

想要嘗試新的挑戰時，若會擔心**「可能遭到別人批評」**，不妨先找到幾位支持自己的夥伴。

若是**「擔心不瞭解的事太多」**，就先尋找能指點自己的同伴。

如果**「擔心賣不出去」**，不妨從徹底詢問顧客的需求開始做起。

要是**「定價太高感到害怕」**，那就先降價為自己可以放心收下的金額，從小錢開始發展。

萬一**「擔心客人沒能獲得預期的成果」**，就在一開始說好「保證退費」吧！

預留失敗時的後路，能讓自己遊刃有餘地繼續前進。

「非得要挑戰有規模的大事才行！」——完全沒必要像這樣緊逼自己。

就算從小事開始，一定也能有所收穫，然後步入下一個階段。

相信在不知不覺間，你就會發現自己已經創造出大筆財富了。

初學者創造財富的鐵則❷
專注於瞭解對方的需求

創造財富最初的步驟中，最重要的就是「瞭解對方的需求」，以及「知道自己可以滿足對方哪些需求」。

在這個階段的金錢收入，只是連帶的收穫而已，一定要將眼光聚焦在相信自己「可以提供有價值的東西」上。

為了讓自己更有信心，我歸納了下列三個重點。

1. 不要半途而廢——

好不容易終於開始行動，若是半途而廢就一點意義也沒有了。

在一開始的階段，最重要的並不是增加知識，也不是提供服務，更不是獲取報酬，而是「瞭解對方的需求」。

千萬不要光顧著埋頭學習，也不可以半途而廢，重要的是多詢問大家的意見、獲得回饋、瞭解對方的需求。

這麼一來，自然而然能獲得自信，瞭解「其實自己提供的服務很便宜」。

花了很長的時間學習，卻遲遲無法投入工作，總是只能賺到微薄收入的人，最容易半途而廢，請千萬要留意。

2. 第一要務是聆聽對方的煩惱——

想要瞭解對方的需求，最重要的是徹底聆聽對方的煩惱。

在前面的章節中也有提及，不妨試著透過分享彼此的人生歷程，瞭解對方的感受。

一開始，**聆聽對方煩惱的時間，甚至比真正提供服務的時間還要長**。

舉例來說，最簡單的方式就是參加讀書會、講座等人群聚集的場合，聆聽其他人的煩惱。

雖然說是讀書會，但自己講話的時間其實不長，一半以上的時間都在聆聽參加者的煩惱、回覆問題。

這樣的場合比想像中更有效果。

因為能非常明確掌握對方究竟需要什麼，進一步知道自己可以提供什麼幫助，也會讓自己更有自信。

有一位很有名的行銷顧問專家，剛踏入這一行時，還會特地搭飛機拜見向他購買線上教材的顧客。往返的交通費根本抵過了利潤，說不定還虧錢了呢！

不過，因為他親眼確認是什麼樣的人向自己購買產品，也因此對自己更有自信，從此之後業績就愈來愈好了。

3. 請教別人自己的優點所在——

接下來，請周遭或曾經體驗過你服務的人，說出你的優點所在，也是很重要的一環。

請大家多多稱讚自己吧！獲得讚美也是有效瞭解自我價值的方式之一。坦然接受對方的讚美，再深入詢問為什麼這項優點值得稱讚。

有時候對自己而言理所當然的事，對別人來說卻是難上加難——這就是你的強項。為了讓自己察覺到強項所在，必須獲得別人的反饋。

雖然也可以利用問卷的方式收集反饋，不過最好的方法還是直接詢問對方。只要直接向周遭的人詢問：「請告訴我我的優點」、「你覺得我適合做什麼樣的工作？」就好。

此外，還要詢問曾經體驗過你服務的人：「體驗之後覺得有什麼地方做得不錯嗎？」、「有獲得任何成果嗎？」

無論如何，若能當面聆聽到「客戶的喜悅之聲」，最能讓自己獲得能量。因此，請盡量直接詢問對方吧！

如果是以書面的形式，獲得對方的讚美，建議也可以時常拿出來閱讀。工作了一段時間之後，不免會有遇到難關、不順的時刻。這時就可以把這些文字拿出來重溫，重新瞭解「我的服務真的能幫上別人大忙」，讓自己再次湧現活力。

初學者創造財富的鐵則❸
專注於眼前的這個人，就能開拓前行

在剛開始創造財富的階段，一定要認真對待眼前的每一個人，踏實地為對方解決問題。

或許有些人會覺得很焦慮，「必須為更多人提供服務才行」、「一定要做出更多成果」，不過我不建議這麼做。

與其為許多人提供不上不下的服務，不如**為少數人提供令人感動的服務，才會有後續的發展機會**。

總之，我認為一開始就要提供讓對方徹底滿意的服務比較好。

以拍攝宣傳照的服務為例。

一般來說，拍攝宣傳照都有拍攝時間與數量的限制，不過我建議在一開始先徹底滿足對方的希望。

無論換了多少地方拍攝、換了多少套服裝，都要盡量提供裝造的意見，花許多時間為對方修圖，陸續滿足對方所有要求。

如果是技術支援相關的工作，比起對方原本委託的內容，更重要的是先聆聽對方的各種煩惱，一一為對方解決。

徹底聆聽對方的各種需求，提供無微不至的服務，相信對方一定會感到非常滿意。

當對方感到滿意時，提供服務的一方也會覺得很有成就感，對自己的服務更有自信。

這麼一來，自己也能體會到「其實這個價格很便宜」，漸漸提高售價。

此外，很多人在一開始，都沒辦法確切掌握對方真正的需求。

有時候實際做了才發現與想像中的不同，無法讓客戶滿意，有時候也會發現在意想不到的地方，反而獲得了好評，這些都是常有的事。

所以，我們必須當場仔細聆聽客戶的心願，掌握那些意想不到的需求。

若是在一開始的階段就縮小了自己的服務範圍，很容易因此錯過可以改善的機會。

請先好好花時間在每一位客戶身上，當作是讓自己精益求精的機會，鞠躬盡瘁為對方服務吧！

從零開始創造財富的最初步驟❶
確保自己的「安身之處」

接下來，我要介紹從零開始創造財富的最初步驟。

為了創造財富，我希望各位先創造出自己的「**安身之處**」。

相信每個人應該都有好幾個安身之處，可以是自己的家，也可以是公司。如果你擁有自己的興趣，那也是你的安身之處。常去的居酒屋當然也是。

除了上述的這些安身之處外，希望大家再製造一個與工作有關的安身之處。在這裡收集所需的資訊與工作夥伴，讓自己能放心繼續前進。

所謂的安身之處，簡單來說就是**「待在那裡感覺不錯」**，會讓自己備感安心的地方，有志同道合的夥伴接納你。

為什麼我們需要「安身之處」呢？

因為**一個人挑戰新事物，是一件非常辛苦的事**。

在這條路上不僅經常會遇到自己不懂的事，也會花上非常多的時間，很可能讓人漸漸失去幹勁。遇到一點小挫折，就萌生「自己可能不太適合」的念頭，最後乾脆放棄。

我不建議在沒有夥伴的情況下，一個人獨自進行挑戰。

有了安身之處，就能放心精進自己的服務。

若是有不懂的事，只要詢問夥伴也可以立刻得到解答，小問題馬上就能解決。你跟夥伴彼此也會為對方帶來好的刺激，保持工作動力。

所以，若想靠自己的力量創造財富，建議要先找到工作夥伴，製造出自己的「安身之處」。

該怎麼做才能製造「安身之處」呢？

其實非常簡單，只要在那些聚集了許多一人工作者的場合中露面就好。

無論是講座、讀書會、交流會，仔細找找一定會有這樣的場合。聚會的主題可能無奇不有，無論是行銷、創業、各式各樣的新創產業、溝通交流、商業管理、經營者經驗分享等等，甚至是遠超乎你想像的領域，都會舉辦不同的活動。

先在各個場合中露臉，一點一滴增加人脈。

這些人脈將會漸漸發揮不可思議的威力。

我最初就是這樣。還在公司上班時，因為想學習溝通技巧參加了溝通講座。

在那裡，我認識了在公司不會遇到的自由工作者，還有中小企業的社長，逐漸開拓自己的視野。

後來我陸續參加了各種講座與交流會，**與那些獨立工作、創業的人接觸過後，漸漸發現原來財富與自己的距離那麼近**。

這件事帶來的影響非同小可，因為在不知不覺中，從興趣開始做起的副業，已經為我帶來財富，幾年後我就離職、自行創業了。

副業為作家的K先生，雖然還在公司上班，但他非常清楚，除了公司之外必須擁有另一個安身之處的重要性。

他偶爾也會參加這些場合，逐漸靠自己的力量創造財富，現在他的年收入已經超過一千萬日圓。他表示，若沒有參加這些聚會，也許到今天他還只是一個平凡的公司職員，過著擔心錢不夠用的生活。

見到那些自由接案工作者積極向上的面貌，對K先生產生了正面的影響。

因為他們就算遇到困難，也會以積極的態度討論該如何解決。怪罪旁人或環境，是不會對創造財富有任何幫助的。

還有一個很重要的關鍵是，他們不吝於讚美K先生。就算只是一點小事，他們也會好好給予稱讚，據說K先生就是因此漸漸發展出身為作家的自信。

從零開始創造財富的最初步驟❷
短時間內反覆練習

遲遲無法坦然賺錢的人，或許是因為對自己提供的服務練習不足的緣故。這樣的人不妨從十人、二十人開始，免費提供服務，必要的話甚至可以提供給五十人當作練習。

我也會建議我的客戶，如果才剛開始起步，可以先免費提供服務。舉例來說，幫對方進行一小時免費的收納諮詢等等。

只要服務一定數量的客戶後，就會對自己比較有自信。除了對服務內容更加熟練，還可以直接聽到客戶的感謝之聲：「我終於知道該怎麼收納了！」這麼一來當然會更有自信。接下來，自然而然會覺得「免費提供服務實在是太可惜了，我有資格得到報酬」。**跨過向客戶收取費用的不安門檻**。

偶爾也會有人表示：「就算是免費服務，還是會覺得很害怕……」這樣的人並不是因為免費而害怕，而是擔心不知道能不能讓客戶滿意。

不用想得這麼複雜，當成對方只是來陪你練習的，先嘗試看看吧！

這個步驟的訣竅，是盡量在短時間內做大量練習。以快速循環的方式進行好幾次，就能讓自己更快「習慣」。

無論是心理諮商、占卜鑑定、宣傳照攝影、教練、個性診斷、投資講座、減重諮詢等，提供各式各樣服務的人，都是在進行無數次的練習後，發現自己「已經不知道害怕為何物」，不知不覺間習慣了提供服務。

而且，大量練習後心境上也會產生變化，發覺已經不能再免費提供服務。這麼一來，原本備感畏懼的人也能心安理得地賺錢了。

從零開始創造財富的最初步驟❸
協助他人提供服務

協助他人提供服務，也是創造財富的步驟之一。

自己想提供的商品與服務，若已經有人正在著手進行，不妨試著協助對方，累積經驗。比起獨自一人突然開始創業，難度會降低許多。

我認為大多數人，都是從別人身上學習如何提供服務。

學成之後，千萬不要急著創業，而是要先協助指導你的人才對。

受歡迎的人會變得愈來愈忙，他們因此也需要有人幫忙。在協助的過程中，可以按部就班學習如何回答顧客問題、代辦服務、舉辦會議、講座等，掌握工作的進行方式，慢慢養成自信。

協助製作一部分網站、幫忙處理一部分技術支援，就是很簡單易懂的例子；有時候也可能是負責撰寫一些文章。

如果有舉辦講座或課程，可能也會需要負責製作幾篇講義、協助現場與會者順利參與。這些都能幫助你累積經驗。

如果能從協助他人開始做起，比較不會感到責任重大，很適合個性認真負責的人嘗試。

從零開始創造財富的最初步驟❹
試著提供新手價

總算差不多要開始提供收費服務，但心裡還是感到很害怕該怎麼辦呢？

這時候就可以試著提供新手價。

意思是，設定一個你自認為可以放心收取的費用，再提供服務。

新手價的價格怎麼決定都可以。

就算原本的定價是三十萬日圓，也可以先以十萬日圓的價格提供服務，甚至是三萬日圓也無妨。就先從自己覺得能放心收取的費用，踏出第一步吧！

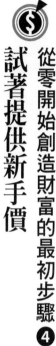

從事收納顧問的I女士從三萬日圓開始提供服務，作家K先生則是從五萬日圓開始。

這個步驟最重要的是，**明確告知對方原本的定價**。

一定要讓對方清楚瞭解，雖然這次是三萬日圓，但這項服務原本的定價是三十萬日圓才對。

付出的金額愈大，人們才會愈認真看待這項服務。

為了讓對方認真接受服務，一定要讓他感覺像付了原本的定價一樣，彼此都要以非常嚴肅的態度看待。

不然對方就會覺得「反正很便宜」，以無所謂的態度草草了事，反而沒辦法獲得理想的成果。

另一方面，自己也千萬不可以忘了，原本的定價是三十萬日圓。畢竟定價是三十萬日圓，就算只收到三萬日圓，也要拿出價值三十萬日圓的服務品質才行。

有些人會忘了初衷，認為「只收三萬日圓就提供這種服務實在太吃虧了」。不過，在為自己累積實戰經驗的同時，還可以收到三萬日圓的報酬，其實是一件值得感謝的事才對吧！

如果顧客真的因此「跟理想中的人結婚了！」、「瘦了十公斤！」、「在比賽中勝利！」獲得了理想成果，又具有多少價值呢？這麼一來，不僅自己能獲得自信，也會更輕易吸引其他顧客上門吧！

如果一位攝影師為顧客拍了絕佳的宣傳照，看到這張照片的人，也會萌生「想請同一位攝影師拍照」的念頭而找上門來。

實戰經驗就是如此價值非凡。

請認真提供服務，為自己累積更多的成功經驗吧！

在這個階段，很多人都會問我：「究竟要什麼時候才可以提升價格呢？」一旦要告訴對方原本免費或新手價的服務即將漲價，就會感到很徬徨不安。只要一想到這麼做對方會不會被激怒、會不會拂袖而去？就害怕得不得了。

不過，實際上你並不是漲價，只是恢復了原本的定價而已。

若有在一開始確實告知客戶原本的定價，就不會讓對方產生漲價的錯覺。這時只要告訴對方：「優惠期間已經告一段落，如果需要繼續服務請參考原價。」就可以了。

從零開始創造財富的最初步驟❺
分析獲得青睞的原因

在持續提供服務、收到對方反饋的過程中，會漸漸察覺到自己提供服務的價值所在。

也能認知到：「我提供的服務很便宜！」

如果將收到的反饋大致整理為下列兩種，就會更加一目了然。

1. 你的哪一項服務最受顧客歡迎？

以作家提供的服務為例，每個人的需求都各不相同。

- 提供強力表現商品優點的廣告文案，促進商品銷售
- 文筆溫馨動人，希望每天幫忙寫部落格
- 能深入淺出描寫引人入勝的事物，希望協助潤飾口述內容
- 指導方式能讓人輕鬆學習，希望舉辦寫作講座
- 能毫無遺漏仔細確認文字，希望幫忙進行校對

唯有仔細詢問顧客的要求，才能瞭解顧客真正希望的服務內容究竟是什麼。請一定要聆聽對方的需求。

若想知道自己與同業間的差異，不妨直接舉出幾位同業的姓名，詢問客戶：「請問您會找哪一位幫您做哪些工作？」很快就能掌握彼此的差異。通常客戶都會直接回答：「我會請這一位幫我做這項工作，另一位幫我做那項工作。」獲得非常明確的答案。

我先前也曾提及，英語家教N先生其實沒有直接教授英語，而是專注在協助

客戶持續自學英語。

最初他提供了各式各樣的英語學習服務，其中客戶反應最好的就是這一點，他也不知道原來自己的強項在此。在反覆嘗試、從錯誤學習的過程中，收到客戶的反饋，才瞭解原來客戶需要自己協助的部分，是保持學習英語的動力。

2. 客戶需要的是什麼樣的角色？

當你完全做自己的時候，會給誰帶來什麼樣的影響呢？請一定要向周遭的人好好確認這一點。

有些人在聊天的過程中被療癒；有些人希望愉快地獲得活力；有些人希望被誠實以待洗滌心靈；有些人看到別人努力的模樣，也能跟著振作起來；甚至有些人希望被好好教訓一頓才能更有動力。每個人需要的協助都大不相同。

我有一位男性友人，灑脫的個性非常受到大家喜愛。因此，他還特地在自我介紹上寫著「開會一定遲到」，讓人一眼就明白他的特色，反而有更多工作找上門來！

即使同樣都是行銷講師，那種說：「跟著我做就對了！」很會照顧人的講師，會有許多男性客群；而散發溫和爽朗氛圍的人，則是女性客群比較多。若頭銜與商品名稱能配合本人的氣質，就會有更多人找上門來。

我也有開設行銷課程，很多人給我的反饋是「今井老師散發出很不錯的淡泊氣質」、「指導大家腳踏實地前進的方法，而非鼓勵進行艱困的挑戰」、「感覺一般人也做得到」，這些反饋讓我更進一步掌握自己的形象。

事實上，會來找我的客戶，的確都是想要降低風險、踏實做出成果的人才；目標放在賺大錢上的人則不會來向我諮詢。

這些事情如果不向別人請教，自己永遠也不會知道。直到現在我還是常在傾聽顧客的心聲時，發現一些出乎意料外的事呢！

最後，要肯定自己的價值

前面已經說明了創造財富的各個步驟，最後要做的，就是**肯定自己的價值**。

為什麼呢？因為有些人無論再怎麼瞭解對方的需求、做出令對方滿意的服務，卻還是認為「這種小事誰都做得來」，畫地自限、無法坦然賺錢——像這樣嚴以律己的人實在多不勝數。

在第三章中，我已經說明「身而為人的價值」及「市場價值」的差異。身而為人的價值是由自己決定，市場價值則是取決於客戶。

不過，如果連自己都沒辦法認同，自己提供的商品及服務的市場價值，無論過了多久都還是無法心安理得地賺錢。

當客戶告訴你「這真是太棒了！」的時候，若你只會回答「不、不，我還差得遠了，不能收下這麼多錢」，代表你還無法認同自己的價值，始終只能原地踏步、無法前進。

因此，到最後還是只有自己可以認同自己的市場價值。其實**這是從別人身上獲得感謝後，再以這份感謝之情填滿自我心靈**。請一定要認知到，自己真的能幫上別人的忙。

透過這些過程，一定會更清晰感受到身而為人的價值。

平時多練習肯定別人，從客戶那裡獲得感謝，支持一同努力的同業，並享受每一天的工作。

我認為每個人誕生在這個世界，光是能活在當下，就是一件非常美好的事。

如果還能幫上別人的忙，那真的非常了不起。

第 5 章

財富與滿足感之間的關聯

讓對方感到滿意，就能放心賺錢

假設曾經接受你服務的人，全都笑著向你道謝：

「真的很感謝您！」

「真是太棒了！」

「做得太好了！」

相信大家應該都能變得更有自信，抬頭挺胸推廣自己的服務吧！

自信賺錢的人，都抱著同樣的信念。

換句話說，最重要的是**確定自己「一定能使對方滿意」**。

不過，應該還是有很多人沒辦法這麼有自信。

在先前的章節中也有提到，就算提供了服務，有時候還是沒辦法獲得理想的成果。

雖然不需要保證一定會獲得成果，但萬一結果不如預期，令對方非常失望該怎麼辦呢？對方會不會到處給自己惡評？相信很多人都會這樣擔心。

不過請放心。

人並不是只有看到完美的成果才會感到滿意。

舉例來說，去補習班補習的學生當中，有些人考上第一志願的學校，有些人卻落榜了。難道每一個落榜的學生，都會去補習班投訴嗎？

事實上並非如此。很多學生即使沒有考上心目中的第一志願，還是會含淚感謝補習班的老師。

這究竟是怎麼一回事呢？

他們到底為什麼會感到滿意呢？

明明就有做出成果，卻被解約的原因是——？

相反地，也會有順利獲得成果卻感到不滿意的人。

有一位顧問指導某間中小企業一年的時間，為企業大幅提升了利潤。他認為自己肯定可以繼續跟那間公司簽約，沒想到卻被解約了。

為什麼明明有做出成果，卻被解約呢？

原因據說是「大家覺得太累了」。

要是按照目前的步調繼續前進，大家都覺得太辛苦，沒辦法持續下去，所以公司方就決定先暫時停止服務。

這是很常見的情況，請一定要特別留意。

有時提供服務的人太過執著成果，反而會讓接受服務的人感到痛苦不已，沒辦法繼續合作。

如果忍受下去就能獲得成果倒還好，但萬一沒有得到成果，只會讓對方覺得難受不堪。

崇尚斯巴達教育的鋼琴老師，漸漸無法吸引學生上課；太認真投入的行銷講師，反而沒有人願意聽他指導，這種狀況其實並不少見。

一旦誤以為「一定要有成果，才能令對方滿意」，就會執著於最後的結果。**愈努力想讓對方滿意，反而愈沒辦法令對方滿意**。

從提供服務者的角度來說，既然收下酬勞，無論如何都一定要做出成果才行，但這樣反而會讓顧客感到極大的壓力。

其實，就算沒有做出成果也能令對方滿意，只要瞭解這一點，就能擺脫上述的執念，而且還能做出更好的應對，令對方備感滿足。

再次思考別人想要獲得的是什麼？

現在重新複習一下。

人們會為了什麼而花錢？

為什麼要花錢購買商品及服務？

因為有需要被填滿的感受，對吧！

為了獲得某種感受，人們會花錢購買商品及服務。

既然如此，提供服務的人就必須給予對方想要獲得的「感受」。

若是在提供服務時，給了對方不想感受到的痛苦，他們當然會離你而去。

對方之所以願意付錢，是因為期待最後所能獲得的感受。

不過，成果並不是那麼容易手到擒來。在得到成果之前，還需要累積一定的過程。

這麼一來，**對方體驗到的就是在這些過程中的感受**。

換句話說，在實際付錢之前，對方期待的是獲得成果時的興奮感，不過一旦開始提供服務，在服務過程中也必須給予對方正面的感受才行。

此外，人還有一種非常有趣的心理，在付錢之前會很嚴謹地判斷「是否真的能獲得成果」，但只要付了錢之後，就會漸漸變得不那麼在意成果了。

舉例來說，即使是一開始抱著滿腔熱血、投資數十萬日圓上英語會話的人，也可能因為工作繁忙，或家裡有事撥不出時間，漸漸不去上課了。

此時，若英語教室的員工察覺學生沒來上課，所以打電話關心，那通電話對學生來說也只會造成壓力而已。

最重要的是要按照對方的步調前進。若是忽略了這點，一味堅持做出成果，反而會使滿意度下降。

我想告訴大家的是，**在沒有做出成果的情況下，想要帶給對方正面的感受，並不是那麼困難的事**。

無需太執著於成果，只要好好提供服務就能讓對方感到滿意。

無論有沒有做出成果，究竟該注意哪些事才能讓人覺得滿意呢？

接下來我就要告訴大家，在提供服務的過程中，可以讓對方感到滿意的原理及原則。

財富與滿足感的原理❶
挑戰會產生至高無上的喜悅

人在挑戰的那瞬間，體驗到的滿足感是最強烈的。

例如參與校慶園遊會、運動、比賽、打電動等，當我們在挑戰、練習、準備某些事物時，會覺得特別充實。

很多人都誤以為在達成目標時才會感到充實，其實並非如此。

當我們獲得成果，當然會有成就感，不過一旦抵達終點，充實感也會跟著告一段落。事實上，在挑戰的過程中，我們才會體會到巨大的滿足感。

想要獲得所謂的成果，也必須經過好幾次的挑戰才可能成功。

如果沒有挑戰，便無從獲得成果。

但很多人連挑戰都做不到，在開始前就先放棄了。

「好想學樂器。」
「好想會說英語。」
「好想瘦下來，有纖細的身材。」
「好想做自己喜愛的事物謀生。」
「……可是我很害怕踏出那一步。」
許多人都會像這樣打消念頭。

所以，想要挑戰的念頭、獲得挑戰的勇氣、正在挑戰新事物的充實感，是任何事物都不能取代的無價之寶。

持續挑戰的人生，將體會到至高無上的喜悅，具有最大的價值。

那麼，究竟要提供什麼才好呢？

只要扮演陪伴對方一起挑戰的角色就可以了。

陪伴對方進行有點困難的挑戰，要是對方感到害怕，就和他一起進行。面對不願意付諸行動的人，在一開始要親自一步一步指導，讓對方踏出挑戰的第一步，使他感受到無比的滿足感。

只有一個人獨自挑戰，當然很難持續下去，但如果有人可以隨時支持自己，便會安心許多。因為當自己做錯時，有人能立刻提醒；出現不瞭解的事物時，有人可以立刻求救；偷懶時也有人可以激勵自己。

這些過程具有非常大的價值。

例如，雖然我有在學習豎笛，但如果沒有去音樂教室上課，我就算想學可能也學不了。

現在的我依然是業餘的水平，不僅吹得不好，還經常走音。因為每天只能練習一小段時間，要在每年舉辦一次的音樂發表會上，吹好一首曲子，總得花上三、四個月的時間練習。

在發表會上我只登場五分鐘，上台時還是一樣會走音，始終沒辦法吹奏得很完美。

儘管如此，我還是覺得每天都過得很充實。

為了短短五分鐘的表演，一點一滴練習，漸漸吹得出原本吹不出來的音符，手指也慢慢能按對按鍵，讓我覺得非常開心。

我認為光是這段練習吹奏的過程就極有價值。

要是沒有加入音樂教室，我連怎麼選擇樂器都不知道，更不可能吹奏出音樂。而且，如果音樂教室沒有安排個人課及發表會，我也沒辦法持續練習。

在能吹奏得很完美之前，可以像這樣每天一點一滴練習、挑戰，是一件很值得感謝的事。

個人教練及英語家教也一樣，提供了顧客一個可以挑戰的環境。

雖然這類型的服務要價數十萬日圓，但對方明白「這是我一個人辦不到的事」，所以願意付錢。有了教練或家教連續好幾個月的陪伴，才能在不受挫折的情況下持續努力。

「我今天也會努力做到最好！」

像這樣持續挑戰的每一天，絕對會過得非常充實。

此外，就算是已經**沒有必要再繼續學習的資深經營者，還是會參加經營研習營之類的活動**。

為什麼呢？因為這些經營者每天都忙於工作，沒有時間思考長期的策略。

所以他們才會參加這樣的研習營，特別空下一段時間，強迫自己專心構思長期的事業規劃。

即便空出這樣的一段時間，也不能保證順利完成事業規劃，就算完成了也不能確保對公司一定有利。

不過，至少可以擁有一段專心思考的時間，對他們來說已經很滿意了。

因為提供一個讓人專心思考的環境，這件事本身就很有價值。

我強調很多次了，挑戰本身就具有極高的價值。

人生的充實程度取決於做了多少挑戰。

提供能讓人挑戰的環境與勇氣，是一件很有價值的事。

財富與滿足感的原理❷
拚盡全力的模樣能打動人心

看到有人拚盡全力支持你時，你是否會覺得很感動呢？

如果能用拚盡全力的態度對待別人，甚至讓對方說出：「沒想到您願意為我付出這麼多，真的非常感謝。」這麼一來不論成果是好是壞，對方都會感到非常滿意。

在某次講座，我委託了一位專家幫我製作招攬學員的網站。他不僅事必躬親，幫我構思了好幾個設計企劃，還幫我挑出文章中的漏字與錯字，即使時間匆促，也絲毫沒有對我露出不耐的態度。

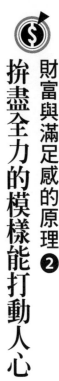

我委託對方的工作只有製作網站而已，但他甚至幫我宣傳講座，在他的社群網站貼文宣傳。

到了講座結束的隔天，還傳訊息問我：「昨天順利嗎？」

我覺得這位專家並不只是為了賺錢而已，他真誠關心我的工作與人生，讓我非常感動。

像這樣拚盡全力的人，當然會讓人想把工作交付給他。

無論任何服務，其實都是一樣的道理。

例如英語、減重、收納課程等等，任何服務都拚盡全力的人，就能給客戶帶來深刻的滿足感。

即使最後沒有獲得理想的成果，對方也會認為：「都已經做到這種程度了，還沒辦法獲得好成果，那也是沒辦法的事，都是我自己不夠努力。」

那麼，究竟要怎麼做才算拚盡全力呢？

就是把對方的事當作自己的事一樣看待。

如果提供減重服務，要先仔細詢問對方為什麼想要減重，感同身受對方的想法，陪伴他一起煩惱、思考、幫忙出主意。一個方法行不通，就要再思考其他辦法。我認為像這樣的態度就可以稱之為「拚盡全力」。

即便缺乏經驗、技術不怎麼樣，甚至無法獲得成果，但只要以這樣的態度提供服務，對方也不會覺得不滿。

反之，當察覺到下列這些態度時，人們就會感到不滿。

「這個人做事很偷懶。」

「他好像覺得很麻煩。」

「他沒辦法對我的事感同身受。」

如果客戶產生了這些感受，就算成果再怎麼優異，都不會感到滿意。

即使客戶沒有投訴，也不可能再與你繼續合作，或把你介紹給別人。

此外，**當太執著於「絕對不能失敗」時，也會讓客戶的滿意度下降**。儘管沒有打算偷懶，但從客戶眼裡看來進展速度太慢，只把目標放在不失敗上，就會讓客戶認為我們並沒有真心與他感同身受。

既然如此，就算有點錯誤也沒關係，只要保持一定的速度就能彌補失敗。不要執著於過程中自己有沒有犯下過錯，而是聚焦在對方想要獲得的成果上，有效率地進行服務吧！

千萬別忘了要保持「拚盡全力」的態度，才能吸引人潮與錢潮喔！

財富與滿足感的原理❸
具有樂趣才能持續下去

當我還在地方鄉鎮擔任講師時，有一位大規模企業的社長來參加我的講座，他正是所謂的地方名人。

而我當時只是創業短短幾年的講師，為什麼他會來參加我的講座呢？我覺得很不可思議，忍不住詢問他參加的原因。

那位社長笑著告訴我：「因為我很喜歡學習呀！啊、還有一直待在公司裡會讓我喘不過氣來。」因為想喘口氣放鬆一下，他才來參加我的講座。

人們喜歡追求輕鬆有趣的事物，這就是一個顯而易見的例子。

如果在獲得成果之前都只有痛苦，一點也不輕鬆有趣，這種服務是不會受歡迎的。

在學校也是一樣，那種讓人昏昏欲睡的無聊課程，肯定沒有學生喜歡。同樣地，斯巴達式嚴厲的英語會話教室、痛苦的瑜伽教室、氣氛沉重的整骨院、只默默趕進度上課的講座等按表操課的服務，顧客只會愈來愈少。

所以，請大家不妨回頭想想，在自己提供的服務中，可以帶給客戶什麼樣的樂趣呢？

舉例來說，我有一位客戶是投資教室的講師，她的課程非常有趣，大受學生歡迎。不僅課程內容豐富，她的說話方式也非常幽默風趣，學生上課時總是能開懷大笑。

而且她並不是只在課堂上指導學生而已，還會陪學生一起去日本銀行或東京證券交易所參觀見習。然後再用投資賺來的錢，帶學生從事各式各樣的體驗，或是捐給需要的人，讓學生過上更充實豐富的人生。

因為這是獨自一人沒辦法做到的體驗，比起一個人默默學習投資，參加她的投資教室當然會令人更心滿意足。

像這樣的樂趣，可以用各種形式表現。

例如在服務的過程中，提及人人都感興趣的話題；在授課時讓學生分組熱烈討論、聆聽對方的煩惱及抱怨、加入挑戰的要素、採取遊戲的方式競賽；在休息時間提供美味的甜點、在有名的店家舉辦同樂會、在飯店裡的豪華餐廳舉辦午餐聚會、下午茶聚會或舉辦講座；在觀光勝地舉辦研習營後，隔天再邀請大家一起打網球或高爾夫球等，只要花點心思就可以為服務增添許多樂趣。

無論做任何事，都必須花上一段時間才能獲得成果。

在這段過程中，能感受到多少樂趣，取決於提供服務的人有多高明。

「學習英語是一件很有趣的事。」

「光是收納就很好玩。」

「雖然在減重中，但感覺很輕鬆有趣。」

如果能讓客戶產生這樣的想法，真的是很了不起的一件事。

唯有在感到愉快時，人們才能持續下去。

只要持續下去，也許會花上不少時間，但終究還是能獲得成果。

愉快地持續努力，在人生中可說是價值非凡的經驗。

財富與滿足感的原理 4

當對方信任自己時，才能付出努力

有人曾告訴我：「以前在學校跟老師面談時，聊到我打算去讀的學校，老師卻冷笑了一聲。」

從那之後，他就非常討厭那位老師。

要跟這種不相信自己的老師學習，當然是一件既難受又討厭的事了。

反之，相信大家應該也有過被別人信任時，打從心底感到喜悅、獲得勇氣的經驗吧！

當自己受到別人信任時，會湧現出非常強大的力量。

此時會由衷感覺到：

「對方相信我了！」

「有在這條路上勇敢前進，真是太好了。」

「也許我可以辦得到！」

打從心底湧現出勇氣，繼續朝夢想與目標努力前進。

接著，或許就能迎來原本意想不到的成果。

換句話說，只要相信對方，就能為對方帶來極大的滿足感。

我原本是個很討厭長跑的人，一直認為自己「不可能跑馬拉松」。

不過，有一位馬拉松教練告訴我：「今井先生絕對沒問題的！一定可以跑完全程！」被對方這樣一激勵，我就決定報名參加比賽了。

經過兩個月左右的練習時間，能跑完的距離漸漸增加，終於到了正式比賽的那一天。

一開始我的狀態還算不錯，不過中途腳卻突然痛到沒辦法繼續跑，只好慢慢走，眼看後方的跑者一一超前，最後我的周圍變得空無一人，只剩自己孤零零地走著。

正當我孤單又挫敗地獨自走著，教練跑回了我身邊。他也跟其他跑者一起參加了這場馬拉松。他鼓勵我：「沒問題的，只要保持這個速度，一定可以在規定的時間內走到終點。」

於是，我堅持繼續走下去，後半段時腳的狀況稍微好了一些，又可以開始慢慢跑步了。最後剛好在規定的時間內抵達終點，達成我第一次馬拉松全程完賽的紀錄。

雖然當時腳痛得要命，整個人精疲力盡，費盡千辛萬苦抵達終點時，還是感動得無法言喻。

若是當時教練沒有過來鼓勵我，說不定我就中途放棄了。這讓我深深感受到**當自己被別人信任、支持時，能帶來多麼強大的力量**。

一起參賽的成員當中，也有人在比賽時間結束時，只剩五公里左右的距離，沒有辦法完賽。

比賽途中教練也有過去鼓勵他：「沒問題的！時間還來得及！」

雖然最終沒能完賽，但他仍全力以赴直到最後一刻，完成了一場充實的挑戰。最後他流著淚擁抱教練，告訴教練：「謝謝您直到最後仍為我加油！」

無論最後有沒有獲得理想的成果，只要有人自始至終都相信自己、鼓勵自己，就會令人感到非常感謝與滿足。

因此，身為提供服務的人，最重要的就是要「相信」對方。

財富與滿足感的原理5

擁有夥伴，人生才會加倍有趣

在結交到夥伴及朋友時，人們會有深深的滿足感。**若能遇到一輩子的好友更是無價之寶，這種滿足無法用金錢換算。**

所以，若能在提供服務的同時，把客戶當成自己的夥伴，建立一同奮鬥的關係，便可以提升客戶的滿足感。

有一次在我的講座交流會上，有位學員高興地表示：「這次講座的報名費已經值回票價了！」那是一個長達十個月的講座，當時才進行到第二個月而已。

我好奇詢問對方原因，他說：「因為我交到了朋友。」他覺得要價不菲的報名費值回了票價。

我非常瞭解他的感受。

我自己也經常參加各種講座，平時也有在學習豎笛，並參與業界人士的聚會。如果能在這些場合中認識志同道合的夥伴，真的是一件非常快樂的事。其中有好幾位夥伴，現在已經是我的好友了。

只要想到身邊有這樣的朋友存在，就讓我感到十分幸福，確實會讓人覺得自己有參加聚會是正確的選擇。

換句話說，我們不只提供服務，同時也提供一個讓擁有共同興趣的人，互相認識交流的場所。

既然如此，要怎麼做才能讓大家發展出如夥伴般的聯結呢？

最簡單的方法就是，舉辦一場需要好幾人同時參加才能從事的活動。

舉例來說，我學習豎笛的音樂教室，每年都會舉辦音樂發表會。雖然只是音樂教室內部舉辦的活動，但是可以讓大家聆聽對方演奏，讚賞彼此一年來努力的成果，最後還有交流會讓彼此聊聊天。

平時在音樂教室上團體課的學生們，因為總是一起練習，交情真的很好，而上個人課的人，也可以趁這個機會認識新朋友。大家都是因為喜歡音樂才齊聚一堂，總是有說不完的共同話題可以炒熱氣氛。

像這樣在發表會上認識的新朋友，之後若是在音樂教室的課堂遇到，還能在休息室裡聊上一個小時，變成真正的知心好友。

如果提供教授英語的服務，不妨為學生們舉辦英語演講發表會，或是找幾位外國人一起舉辦派對也不錯。

如果提供減重或收納服務，不妨以分組競賽的方式舉辦比賽，應該也會很有趣。

只要能跟別人交流互動，絕對可以提升客戶的滿足感，願意繼續接受服務的人也一定會愈來愈多。

財富與滿足感的原理 6
努力挑戰的模樣，能給人帶來勇氣

面對別人的人生經歷，人們會產生強烈的共鳴與感動。

看到他人勇於挑戰的模樣，便會產生共鳴、得到勇氣；而**看到面帶笑容述說失敗的人，更會敬佩對方的大器**。

所以，不要一味只想著提供服務，若能更進一步闡述自己的背景，會讓人感覺更有價值。

每個人都有自己獨一無二的人生經歷，無論是誰都能提供別人仿效不來的寶貴價值。

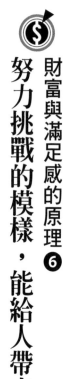

大多數人都不希望提及過去失敗的經驗。

因為誰都不願一再回想那些苦澀的回憶。

不過，正因為你已經成功克服了以往的挫敗，對於正在面臨同樣痛苦的人而言，你的經歷絕對能帶來很大的鼓勵。

這樣的經驗可以提供別人勇氣。

而且，挑戰碰壁卻又走出逆境、破繭而出的經歷，是你獨一無二的資產，沒有人可以仿效。

為了對方著想，不妨毫不隱瞞地揭露自己過去失敗的經驗吧！

像是曾歷經公司破產欠債、沒做好管理工作而被貶職、學生時代曾繭居在家、小孩拒絕上學、戰勝癌症迎接新生等等，光是聆聽這些人生經歷就能讓人學到很多，還會重新獲得勇氣。

就算不是如此驚滔駭浪的人生逆境也沒關係。

即使你的人生並不像連續劇般波瀾壯闊，只要如實述說，一定會有人與你產生共鳴；就算你認為不是什麼了不起的大事，也會有人很感興趣。

例如育兒路上的大小事、跟可怕的主管一起喝酒等等，即便只是小事，也一定能獲得共鳴。

不過，要注意千萬不要一味沉浸在過去的經歷當中，還有更多現在可以開始去做的事。

那就是做出新的挑戰。

也就是從現在開始創造新的人生歷練。

以我自己為例，四十一歲時我下定決心挑戰後空翻這個體操動作。在六個月的期間內，以社群網站及電子報記錄了練習的情形。

有趣的是，這段期間很少有人取消訂閱我的電子報。大多數人都對我是否能挑戰成功很感興趣，直到最後都持續訂閱。

我們無法將目光從正在挑戰新事物的人身上移開。

看到對方正在努力的模樣，就會想替對方加油。

而且挑戰的事物愈遠大，就會有愈多人為自己加油。

挑戰新事物的模樣能帶給其他人勇氣，讓他們產生「自己也要好好努力」的念頭。

獲得這樣的念頭，也會讓人擁有滿足感。

財富與滿足感的原理 7
肯定自我，就是人生的目標

在什麼情況下，我們才會獲得最強大的滿足感呢？

那就是自我肯定的時候。

「自己已經夠好了」——這樣的感受是無可取代的。

大多數人都會認為「現在的自己還不夠好」，不斷挑自己的毛病。

只要停止這個舉動，相信自己「已經夠好」了，那麼所有的自卑感、罪惡感、受害心態、價值感低落等都能不藥而癒。

若能將自己加諸的壓力全都釋放出去，就能湧現出新的能量。

無論再怎麼強大的成就感，都**比不上自我肯定的喜悅及滿足**。

以顧問業為例，愈好的顧問愈能看出客戶的優點。與其告訴客戶不夠好的地方，不如找出客戶的優點，設法將優點發揮到極致。

如果身為都市更新計畫的顧問，最先要做的是什麼呢？是讓居住在當地的人，重新認識居住地的美好。要先從讓當地居民瞭解附近有哪些名勝古蹟、擁有什麼樣的意義、具有多少價值開始做起。

因為，如果居住在當地的人並不感到自豪，無論再怎麼對外地人宣傳，也沒辦法做出好的都市更新計畫。

若是當地人認為「這裡什麼也沒有」、「沒什麼好玩的」，就算做了再多規劃也無法真正打動人心。因為當地居民要先對這塊土地滿懷自信與驕傲，才能順利推動都市更新。

而且，如果能對自己的居住地感到自豪，那是多麼美好的一件事啊！就算沒有提供任何新事物，光是原本的模樣就能讓人過著充實豐盛的生活了。

此外，大部分想要學習英語的人，都會認為「自己完全不會說英語」。要讓這樣的人深感滿足，最重要的就是，讓他感覺到「自己現在的英語程度，已經可以稍微傳達想法了」。

大多數人都曾在學校學過英語，懂得一些英語單字。這樣的程度其實已經足以應付出國旅行，在路上遇到外國人時，也可以順利指引對方路徑。雖然有些人對自己的發音沒什麼自信，不過也有人認為帶腔調的英語特別有魅力。

如果能瞭解其實自己已經具備一定程度的英語能力，不再感到自卑，打從心底湧現出強大的自信，當然也可以愉快地與外國人對話了。

另外，像是認為自己不受異性歡迎、不夠漂亮、不懂電腦、不擅收納、不會寫文章、不擅運動、不會畫畫、不會演講、沒有自信等等，很多人都抱有這種自我否定的心態，若能讓這樣的人產生「沒關係，從現在開始努力就好！」的想法，自然會讓他們感到療癒，從心底湧現出能量。

或許有些人會懷疑：「如果覺得這樣也沒關係，豈不是不會再努力了嗎？」絕對沒有這種事。

反之，要是認為「自己真的沒救了」，這種心態才會使人缺乏動力。**以自卑感與匱乏感當作動機，只會覺得愈來愈痛苦而已**。用自我否定的心態，還能驅使自己行動的人並不多。

相形之下，如果能肯定當下的自己，想讓自己成為更好的人，這樣的動力才能長久維持。

因為唯有如此才會長時間保持幸福感，以積極的心態追求更愉快的體驗，讓人一直樂於付出努力。

肯定自我、喜歡自己，絕對是所有人的人生目標。

不過，很多人都沒有察覺到這一點，一直苦苦追尋別人的肯定。

在人生中汲汲營營努力達成某個目標，拼命想要獲得某些事物。

或是努力成為有地位的人。

然後不斷經歷挫折，陷入痛苦之中。

若能幫助這些人擺脫惡性循環，讓他們肯定現在的自己，絕對會帶來無可比擬的寶貴價值。

結語

在動筆寫這本書時，我也回顧了一路走來的心路歷程。

在我剛開始創業的第一年，不要說創造財富了，根本虧損了好幾百萬日圓！現在回想起來，當時的我還不是很有自信，沒辦法心安理得用自己提供的服務賺錢。

虧我當初還趾高氣揚辭掉了公司的工作！

我誤以為「一定要成為了不起的大人物才行」，擅自把人排出等級高低；若是看到比自己厲害的人，就會覺得「我果然還差得遠了」。

出席經營者的聚會時，只要看到營業規模比自己還要大的人，總會覺得抬不起頭來。

出席作家的聚會時，看到暢銷作家就會心生膽怯。

參加網紅的聚會時，總是用羨慕的眼神仰望那些追蹤數多的人。

去健身房時，看到身材鍛鍊有成的人，也會讓我覺得心情低落。

前往公益團體聚會時，察覺到自己總是只在意業績卻不思回饋社會，驚覺自己器量之小，陷入自我厭惡的情緒之中。

無論去到哪裡都只會跟別人比較，當然會漸漸失去自信。

喪失自信後的我，放棄了銷售自己的商品。

我走到幕後，開始舉辦座談會等，找來受歡迎的人氣講師舉辦講座。

多虧了那位人氣講師，我終於賺到了可以自食其力的營業額。

當時我認為這全都是拜那位講師之賜，但對方卻告訴我：

「今井先生，謝謝您。我一直很想舉辦像這樣的講座，簡直就是實現了我的夢想。」

得到對方感謝的言語，讓我無比喜悅。

參與講座的學員們也陸續告訴我：

「謝謝您舉辦這樣的講座。」

「主辦講座一定很辛苦，請您多加油喔！」

聽到這些溫暖的言語，讓我不禁潸然淚下。

舉辦講座要招攬學員的確很困難。

不過，我抱持著盡量讓多一點人可以聽到講座的心態拚盡全力。只要想到有人把我們付出的努力看在眼裡，感覺辛苦都有了回報。

從那之後，我就開始一一面對眼前的任務，拚盡全力去做，希望自己能夠有所貢獻。

接下來，順應周遭人們的要求，不知不覺中我也成了講師，每次的講座都會有超過一百位學員參加，甚至還寫了書。

雖然現在如果遇到事業規模比自己大的經營者，還是會有點不自在，不過我已經不像從前那樣凡事都跟別人比較了。

畢竟每個人都有自己扮演的角色，能對喜愛自己的人產生幫助就夠了。

再加上，只要相信「現在的自己一定可以對別人有所幫助」，就能擺脫凡事都要比較的牢籠。

如此便可以感受到自己的存在價值。

有自信好好生活下去，獲得深深的安心感。

我之所以撰寫本書，就是希望將「現在的你一定可以對別人產生幫助」這件事傳達給大家。

我們絕對可以為別人做出貢獻。

我們一定可以為別人造就幸福的人生。

讓別人變得幸福的能力，就在我們心中。
這樣的能力不假外求，只要往內在挖掘，一定能找到閃閃發光的寶物。

一旦得知自己對別人有所幫助，人生就會變得豐富起來。
因為活著的每一天都可以受到別人的喜愛。
如果能度過受到喜愛的每一天，或許就是真正的幸福了吧！

只要讓別人感到幸福，這份感謝之情也會回到你的身上。

有時候是言語上的報酬、有時候則是金錢上的報酬。

請大家好好收下這些報酬，無論是言語或金錢都好。

然後再將這份喜悅的心情，為別人帶來幸福。

我認為如果幸福的循環逐漸擴散開來，這個世界應該會變得非常美好。

最後，在書寫這本書的期間，我的想法不斷更動，由衷感謝等待這份原稿將近一年的木田明理，以及幻冬社的每一位同仁。

還有，對於協助我彙整本書內容的每一位客戶，也打從心底致上感謝之意。正因為近距離看到各位的努力和真實經驗，我才能順利完成本書。

同時，也要感謝正在閱讀這本書的你。

由衷感謝可以透過這本書遇見你。

或許現在你還沒察覺自己的價值。

不過，這世界上一定會有人肯定你的價值，一定會有人非常需要你。
無論別人怎麼說，你都具有金錢無法比擬的價值。
我非常期待能在未來的某一天與你見面。
到時候你一定能為別人創造幸福，過著充實豐富的人生。

今井 孝

ideaman 175

90%的人都沒發現，但你一定要知道的金錢觀：

打破迷思，從固定薪水走向財富自由，用金錢吸引富足的祕密關鍵

誰でもできるのに9割の人が気づいていない、お金の生み出し方

作　　者／今井 孝
譯　　者／林慧雯
企劃選書／劉枚瑛
責任編輯／鄭依婷
版　　權／吳亭儀、江欣瑜、游晨瑋
行銷業務／周佑潔、賴玉嵐、林詩富、吳藝佳、吳淑華
總 編 輯／何宜珍
總 經 理／彭之琬
事業群總經理／黃淑貞
發 行 人／何飛鵬
法律顧問／元禾法律事務所 王子文律師
出　　版／商周出版
115 台北市南港區昆陽街 16 號 4 樓
電話：(02) 2500-7008　傳真：(02) 2500-7579
E-mail：bwp.service@cite.com.tw
Blog：http://bwp25007008.pixnet.net./blog
發　　行／英屬蓋曼群島商家庭傳媒股份有限公司城邦分公司
115 台北市南港區昆陽街 16 號 8 樓
書虫客服專線：(02) 2500-7718、(02) 2500-7719
服務時間：週一至週五 09:30-12:00；13:30-17:00
24 小時傳真專線：(02) 2500-1990；(02) 2500-1991
劃撥帳號：19863813　戶名：書虫股份有限公司
讀者服務信箱：service@readingclub.com.tw
城邦讀書花園：www.cite.com.tw
香港發行所／城邦（香港）出版集團有限公司
香港九龍土瓜灣土瓜灣道 86 號順聯工業大廈 6 樓 A 室
電話：(852) 2508-6231　傳真：(852) 2578-9337
E-mail：hkcite@biznetvigator.com
馬新發行所／城邦（馬新）出版集團〔Cite (M) Sdn Bhd〕
41, Jalan Radin Anum, Bandar Baru Sri Petaling,
57000 Kuala Lumpur, Malaysia.
電話：(603) 9056-3833　傳真：(603) 9057-6622
E-mail：services@cite.my

封面設計／Copy
內頁編排／黃雅芬
印　　刷／卡樂彩色製版印刷有限公司
經 銷 商／聯合發行股份有限公司
電話：(02) 2917-8022　傳真：(02) 2911-0053

城邦讀書花園 www.cite.com.tw

2024 年 10 月 31 日初版
定價 390 元　Printed in Taiwan

ISBN 978-626-390-276-3
ISBN 978-626-390-275-6 (EPUB)

『誰でもできるのに9割の人が気づいていない、お金の生み出し方』(今井 孝)
DAREDEMO DEKIRUNONI KYUWARI NO HITO GA KIZUITEINAI, OKANE NO UMIDASHIKATA

國家圖書館出版品預行編目（CIP）資料
90%的人都沒發現，但你一定要知道的金錢觀：打破迷思，從固定薪水走向財富自由，用金錢吸引富足的祕密關鍵／今井孝著；林慧雯譯. -- 初版. -- 臺北市：商周出版：英屬蓋曼群島商家庭傳媒股份有限公司城邦分公司發行, 2024.11
224 面；14.8×21 公分. --（ideaman；175）
譯自：誰でもできるのに 9 割の人がづいていない、お金の生み出し方
ISBN 978-626-390-276-3（平裝）
1.CST: 理財　2.CST: 成功法　563　113013370

商周出版

廣　告　回　函
北區郵政管理登記證
台北廣字第000791號
郵資已付，免貼郵票

115 台北市南港區昆陽街 16 號 4 樓

英屬蓋曼群島商家庭傳媒股份有限公司

城邦分公司

請沿虛線對摺，謝謝！

商周出版

書號：BI7175　**書名**：90%的人都沒發現，但你一定要知道的金錢觀　**編碼**：

請於此處用膠水黏貼

商周出版

讀者回函卡

感謝您購買我們出版的書籍！請費心填寫此回函卡，我們將不定期寄上城邦集團最新的出版訊息。

線上版讀者回函卡

姓名：________________ 性別：☐男 ☐女

生日：西元________年________月________日

地址：________________

聯絡電話：________________ 傳真：________________

E-mail：

學歷：☐ 1. 小學 ☐ 2. 國中 ☐ 3. 高中 ☐ 4. 大學 ☐ 5. 研究所以上

職業：☐ 1. 學生 ☐ 2. 軍公教 ☐ 3. 服務 ☐ 4. 金融 ☐ 5. 製造 ☐ 6. 資訊
☐ 7. 傳播 ☐ 8. 自由業 ☐ 9. 農漁牧 ☐ 10. 家管 ☐ 11. 退休
☐ 12. 其他________________

您從何種方式得知本書消息？

☐ 1. 書店 ☐ 2. 網路 ☐ 3. 報紙 ☐ 4. 雜誌 ☐ 5. 廣播 ☐ 6. 電視
☐ 7. 親友推薦 ☐ 8. 其他________________

您通常以何種方式購書？

☐ 1. 書店 ☐ 2. 網路 ☐ 3. 傳真訂購 ☐ 4. 郵局劃撥 ☐ 5. 其他________

您喜歡閱讀那些類別的書籍？

☐ 1. 財經商業 ☐ 2. 自然科學 ☐ 3. 歷史 ☐ 4. 法律 ☐ 5. 文學
☐ 6. 休閒旅遊 ☐ 7. 小說 ☐ 8. 人物傳記 ☐ 9. 生活、勵志 ☐ 10. 其他

對我們的建議：________________

____

____

【為提供訂購、行銷、客戶管理或其他合於營業登記項目或章程所定業務之目的，城邦出版人集團（即英屬蓋曼群島商家庭傳媒（股）公司城邦分公司、城邦文化事業（股）公司），於本集團之營運期間及地區內，將以電郵、傳真、電話、簡訊、郵寄或其他公告方式利用您提供之資料（資料類別：C001、C002、C003、C011 等）。利用對象除本集團外，亦可能包括相關服務的協力機構。如您有依個資法第三條或其他需服務之處，得致電本公司客服中心電話 02-25007718 請求協助。相關資料如為非必要項目，不提供亦不影響您的權益。】

1.C001 辨識個人者：如消費者之姓名、地址、電話、電子郵件等資訊。
2.C002 辨識財務者：如信用卡或轉帳帳戶資訊。
3.C003 政府資料中之辨識者：如身分證字號或護照號碼（外國人）。
4.C011 個人描述：如性別、國籍、出生年月日。

請於此處用膠水黏貼

Idea man

Idea man